SLANG 5000

modismos del inglés traducidos al español

A. Daniel Hughes

EDITORIAL DIANA

MEXICO

1a. Edición, Diciembre de 1977
7a. Impresión, Marzo de 1986

ISBN 968-13-0746-1

Contenido

INTRODUCCIÓN 5

CÓMO SE USAN LOS MODISMOS 7

ABREVIACIONES 9

Parte primera: LOS MODISMOS ACEPTADOS 11

Parte segunda: SLANG O MODISMOS POPULARES 55

Parte tercera: LOS MODISMOS MODERNOS 209

Introducción

Todo estudiante del inglés, especialmente el que tiene mucho contacto con norteamericanos, o lee mucho inglés, o quiere entender las películas, las canciones, las novelas o la televisión, necesita saber los modismos. En las reuniones sociales los modismos son más importantes aún. Es muy desagradable estar en una fiesta donde todos están riendo a carcajadas y no saber qué es lo que están diciendo. Los modismos, entonces, son muy necesarios para poder comprender y comunicarse con la gente de habla inglesa.

Los modismos norteamericanos, como los de todos los idiomas, son los productos de la gente promedio. No son gramaticales, no se pueden traducir literalmente y aparecen muy pocos en los diccionarios. Sin embargo, los modismos, *el slang*, llenan una necesidad: le dan color al idioma; le dan un sabor especial a la literatura, al teatro y a las películas. Además, ciertos grupos de la sociedad, quienes tienen ideas y pensamientos muy especiales, pueden expresarlos mejor a través de sus modismos.

Los modismos que presentamos en este libro se dividen en tres categorías:

1. MODISMOS ACEPTADOS. Estos son antiguos y de uso universal.

2. EL SLANG O LOS MODISMOS POPULARES. La mayoría de estos se desarrollaron durante la Segunda Guerra Mundial. Vienen de estos grupos:

   a) Del público general.
   b) De la juventud Hip y Hep.
   c) De los amantes del jazz.

d) De la raza negra.

e) De los militares.

f) Del hampa.

g) De los deportistas.

3. LOS MODISMOS MODERNOS O EL SLANG MODERNO. Estos modismos surgieron en los últimos veinte o veinticinco años. En su desarrollo influyeron muchísimo los siguientes factores:

a) La liberación del sexo.

b) La liberación de las mujeres.

c) La juventud derrotista o inconformista.

d) La época espacial.

e) El CB (Citizen's Band Short Wave Radio).

Posiblemente el lector se encuentre con la sorpresa de que muchísimos de los modismos se refieren a cosas desagradables, ilegales o tabú. Esto es cierto, pero definitivamente no indica que la sociedad norteamericana está corrompiéndose. Al contrario, estos modismos enriquecen el idioma, haciéndoles posible a sus hablantes referirse a cosas desagradables con un cierto sentido de humor y de tolerancia.

Haremos una advertencia: no piense el lector que esta lista de modismos es más o menos completa. Es solamente una fracción de los modismos que existen y cada día se están ideando más modismos. Por esa razón esperamos publicar una nueva edición de *5000 modismos del inglés* cada dos años, poniéndola al día. Posiblemente en unós pocos años se llamará *10 000 modismos del inglés.*

A. DANIEL HUGHES

México, D. F.

Febrero de 1977

Cómo se usan los modismos

Categorías de modismos:

Los modismos se dividen en cuatro categorías:

1. Los MODISMOS CALIFICADORES pueden ser palabras, frases o cláusulas que indican la cantidad, la calidad o la forma de las cosas, personas o lugares.

2. Los MODISMOS ADVERBIALES indican el "cómo", "cuándo" o "por qué" de la acción. Pueden ser palabras, frases o cláusulas.

3. Los MODISMOS SUSTANTIVOS indican personas, cosas o lugares. También pueden ser palabras, frases o cláusulas.

4. Los MODISMOS VERBALES son los que indican la acción. Pueden ser el infinitivo en cualquiera de sus tiempos. Muy frecuentemente son frases que consisten en el verbo y una proposición (ejemplo: *to get up; to come down; to raise hell*).

Cómo se usan los modismos:

◆ *Los modismos calificadores* son adjetivos, y en el inglés preceden al sustantivo que modifican. Ejemplos:

This *lousy car* runs too slow.
The *stuck-up girl* is disagreeable.

◆ *Los modismos adverbiales* van antes o después de la oración básica. Ejemplos:

To get rid of a headache take an aspirin.
Take an aspirin *to get rid* of a headache.

7

You will learn English *in the long run.*
Once in a while it is good to kick off the traces.

♦ *Los modismos sustantivos:* puesto que son sustantivos, pueden usarse como sujeto, como complemento o cualquiera otra función que desempeñe un sustantivo en la oración. Ejemplos:

The goon was driving a car.
I hit *the goon* with a club.
That girl is too pretty to be *a hooker.*

♦ *Los modismos verbales* indican la acción; se pueden conjugar y se usan como cualquier verbo. Ejemplos:

John *smeared* his oponent right on the nose.
Mike *makes hay* while the sun shines.
I *will get* up at six o'clock.
I *should get up* earlier.

Los infinitivos y los gerundios de los verbos se pueden usar como sujetos o complementos. Ejemplos:

To make hay while the sun shines is good advice.
Making hay while the sun shines is a good way to progress.

♦ *Cómo se separan los modismos verbales:* muy a menudo un modismo verbal que consta de verbo y proposición (*get up*, por ejemplo) se separa poniendo el complemento, ya sea sustantivo o pronombre, entre el verbo y la preposición de esta manera (usando *get up* y *turn on*):

Get (the man) *up* before six o'clock.
Turn (the light) *on*, please.
Y *will turn* (the light) *on*.

Como se ve, muchas veces la oración termina con una preposición, lo cual no es correcto, pero así son los modismos.

Abreviaciones

Para que el lector pueda hacer uso de los modismos, las siguientes abreviaciones indican cómo se usa cada palabra o frase:

adj.	Adjetivo
adv.	Adverbio
s.	Sustantivo
v.	Verbo
Adj. v.	Adjetivo, también verbo
Adj. s.	Adjetivo, también sustantivo
s. v.	Sustantivo, también verbo
CB	Citizen's Band. Onda corta de radio disponible para los ciudadanos
ex.	Exclamación

Parte primera

LOS MODISMOS ACEPTADOS

Estos modismos son muy. viejos; inclusive muchos no son norteamericanos, sino que fueron introducidos en América por los colonos ingleses. Son tan antiguos y tan usuales estos modismos que ya no se consideran slang. *Son usados por todo el mundo de habla inglesa, especialmente en Estados Unidos de América. Predicadores, abogados, escritores y hombres de negocios los emplean tanto que quien no tiene conocimiento de ellos pierde la mayor parte del significado de lo que se está diciendo.*

A

ABOVE ALL:
   adv. Sobre todo.

ABOUT:
   adv. Aproximadamente. Casi.

ACCOUNT FOR:
   v. Darse cuenta. Explicar.

ADD UP:
   v. Sumarizar. Concluir.

AFTER YOU:
   adv. Después de usted. Pase usted.

AFTER ALL:
   adv. Después de todo. A pesar de.

AGREE WITH:
   v. Estar de acuerdo.

AIM:
   s. Mira. Meta.

AIN'T:
   v. (is not) No es.

AIR ONE'S GRIEVANCES:
   v. Criticar. Dar voz a las quejas.

ALL AT ONCE:
   adv. Repentinamente.

ALL DAY LONG:
   adv. Todo el santo día.

ALL NIGHT LONG:
   adv. Toda la santa noche.

ALL RIGHT:
   adv. Muy bien. Todo bien.

ALL OF A SUDDEN:
   adv. Repentinamente.

ALL THE SAME:
   adv. Igualmente. Da igual.

ANSWER BACK:
v. Responderle a un superior sin mostrar respeto.
APPROVE OF:
v. Aceptar. Estar de acuerdo con algo.
ASK FOR:
v. Pedir. Solicitar.
AS USUAL:
adv. Como siempre. Como de costumbre.
AS YET:
adv. Hasta este momento.
AT FIRST SIGHT:
adv. A primera vista.
AT HOME:
adv. En casa. Confortable.
AT LAST:
adv. Por fin.
AT LEAST:
adv. Por lo menos.
AT ONCE:
adv. Inmediatamente.
AT TIMES
adv. A veces. Ocasionalmente.

B

BABY SITTER:
s. Cuidadora de niños.
BACK OUT:
v. Retroceder. Hacerse atrás.
BACK IN:
adv. Entrar de nuevo.
BANK ON:
v. Confiarse de.
BARK UP THE WRONG TREE:
v. Estar equivocado.
BASH:
v. Golpear.
BAWL OUT:
v. Regañar.

BEAR DOWN:
   v. Esforzarse. Apresurarse.
BEAR UP:
   v. Aguantarse. Resistir.
BE AWAY:
   v. Estar ausente.
BE CUT OUT:
   v. Ser eliminado.
BE FINISHED:
   v. Fracasado. Terminado.
BE FOOLED:
   v. Ser engañado.
BE IN CHARGE:
   v. Estar encargado. Ser responsable.
BE IN THE WAY:
   v. Estorbar.
BE OFF:
   v. Estar equivocado. Partir.
BE READY:
   v. Estar listo.
BE STUCK:
   v. Estar atorado. Ser estafado. Tener que aceptar algo que no se desea.
BE TAKEN IN:
   v. Ser engañado.
BE THERE WITH BELLS:
   v. Estar en un lugar con mucho entusiasmo.
BE UP TO:
   v. Ser la responsabilidad de.
BE USED TO:
   v. Estar acostumbrado.
BE WELL OFF:
   v. Estar en buenas condiciones económicas.
BETTER OFF:
   adj. Mejores condiciones.
BLOW A FUSE:
   v. Excitarse. Enfurecerse.
BLOW OUT:
   s. Fiesta escandalosa. Un reventón de llanta. Explosión.

BLOW UP:
v. Explotar. Reventar. Dinamitar.

BOILED:
adj. Borracho.

BONE UP:
v. Machetear o estudiar toda la noche para un examen.

BOOK:
v. Registrar. Apuntar.

BOOKIE:
s. Persona que recibe apuestas sobre carreras de caballos.

BOUND TO:
v. Estar obligado. Atado.

BREAK:
s. Pausa. Paro. Quiebra. Una oportunidad.

BREAK DOWN:
v. Averiarse. Quebrarse.

BREAK IN:
v. Estrenar. Entrenar. Forzar la entrada.

BREAK LOOSE:
v. Soltarse. Actuar sin inhibiciones.

BREAK OFF:
v. Abandonar. Romper relaciones.

BREAK OUT:
v. Escapar. Enroncharse.

BREW:
s. Cerveza.

BREWING:
v. Estar por suceder. Acercándose al fin.

BRING BACK:
v. Devolver. Recordar.

BRING HOME THE BACON:
v. Ganar el pan de cada día o la papa.

BRING OUT:
v. Publicar. Exhibir. Enfatizar. Introducir.

BROKE:
adj. Sin dinero. Quebrado.

BUILD UP:
v. Mejorar. Establecer. Edificar.

BURN DOWN:
 v. Quemarse al suelo.
BURN UP:
 v. Quemarse por completo.
BY HEART:
 adv. De memoria.
BY ONE'S SELF:
 adv. Solo. Sin ayuda.
BY THE SEAT OF THE PANTS:
 adv. Por instinto.
BY THE WAY:
 adv. A propósito. Así que.

C

CALL:
 s. Llamada telefónica. Visita.
CALL A BLUFF:
 v. Rechazar una baladronada.
CALL ATTENTION:
 v. Llamar la atención.
CALL DOWN:
 v. Regañar. Insultar.
CALL FOR:
 v. Encontrar o venir por alguien.
CALL GIRL:
 s. Ramera.
CALL OFF:
 v. Cancelar. Abandonar.
CALL ON:
 v. Visitar inesperadamente.
CALL OUT:
 v. Gritar. Llamar.
CALL UP:
 v. Llamar por teléfono.
CARRY AWAY:
 v. Llevarse algo. Robar.
CARRY ON:
 v. Seguir adelante. Actuar de una manera desagradable.

CARRY OUT:
v. Llevar a cabo.

CARRY OVER:
v. Pasar adelante. Pasar al futuro.

CARRY OVER:
s. Sobrante. Excedente.

CASH IN:
v. Aprovechar una oportunidad para ganar dinero. Hacer efectivo.

CAST OFF:
v. Desechar algo. Zarpar.

CATCH COLD:
v. Resfriarse.

CATCH FIRE:
v. Encenderse. Hacerse popular.

CATCH HELL:
v. Recibir regaños o insultos.

CATCH ON:
v. Entender. Captar.

CATCH UP:
v. Alcanzar.

CHALK UP:
v. Apuntar. Registrar. Anotar.

CHECK AND DOUBLE CHECK:
v. Revisar cuidadosa o repetidamente. Aceptar algo en forma enfática.

CHECK BACK:
v. Revisar de nuevo.

CHECK IN:
v. Reportarse. Registrarse. Presentarse.

CHECK OUT:
v. Salir. Pagar y salir de un hotel.

CHECK UP:
v. Averiguar. Investigar.

CHEEK:
s. adj. Atrevido. Colmilludo.

CHEER UP:
v. Discutir. Dialogar.

CHEW THE FAT:
   v. Comadrear. Platicar.
CHIP IN:
   v. Pagar la parte que le corresponde.
CLEAN OUT:
   v. Hacer limpia. Ganar todo el dinero.
CLEAN UP:
   v. Ganar todo. Hacer limpia.
CLEAR UP:
   v. Aclarar.
COFFEE BREAK:
   s. Pausa para tomar un café. Descanso.
COME ABOUT:
   v. Suceder. Acto repentino.
COME ACROSS:
   v. Encontrar algo inesperadamente. ¡Pague!
COME AFTER:
   v. Venir o buscar algo. Atacar o perseguir.
COME AT:
   v. Confrontarse con. Echársele encima a alguien.
COME FOR:
   v. Venir por algo.
COME OVER:
   v. "Ven para acá".
COME TO:
   v. Despertar. Recobrar el sentido.
COME TRUE:
   v. Llegar a ser. Sueño que se realiza.
COME UP TO:
   v. Llegar a la altura de.
COUNT (ONE) IN:
   v. Incluirlo. Aceptarlo.
COUNT ON:
   v. Contar con. Tener confianza.
CRIB:
   v. Estudiar para un examen. Machetear.
CRIB:
   s. Litera. Catre. Un burdel.

CROSS OUT:
> *v.* Tachar. Cancelar.

CRUMMY:
> *adj.* De mal aspecto o de mala calidad.

CUT IN:
> *v.* Interrumpir. Quitar la compañera a un bailador.

CUT IT OUT:
> *Ex.* Ordenar que cese. ¡Para!

CUT OFF:
> *v.* Cortar. Interrumpir. Aislar.

CUT OUT:
> *v.* Sacar. Eliminar.

CUT SHORT:
> *v.* Interrumpir. Hacer callar. Abreviar un acto.

D

DALLY:
> *v.* Titubear. Flojear.

DASH:
> *v.* Apresurarse. Correr.

DIE OUT:
> *v.* Apagarse. Acabarse.

DIP INTO:
> *v.* Meter la mano en bolsa ajena. Gastar lo que no debe.

DISH OUT:
> *v.* Repartir. Dar lo que corresponde.

DITCH:
> *v.* Esconder, ocultar. Dejar a alguien plantado.

DO AWAY WITH:
> *v.* Eliminar. Deshacerse de.

DO IN:
> *v.* Acabar con.

DO IT OVER:
> *v.* Repetirlo. Hacerlo de nuevo.

DO WELL:
> *v.* Progresar. Trabajar bien.

DO WITHOUT:
> *v.* Aguantar. Pasársela sin dinero u otra cosa necesaria.

DOWN THE LINE:
adv. Adelante. Enfrente de la fila.

DRAG:
v. s. Baile. Bailar. Arrastrar.

DRAW A BEAD:
v. Meter puntería.

DRAW A BLANK:
v. Perder. Sacar algo sin valor.

DRAW THE LINE:
v. Poner un límite.

DRIVE-IN:
s. Restaurante con servicio al coche.

DRIVE CRAZY:
v. Volver loco.

DRIVE OVER:
v. Ir en coche a un lugar.

DRIVE UP:
v. Llegar en coche.

DROP A HINT:
v. Dar una pista.

DROP A LINE:
v. Enviar unas líneas.

DROP IN:
v. Visitar a alguien sin darle aviso.

DROP IT!:
ex. ¡Suéltalo! ¡Déjalo caer! ¡Olvídalo!

DROP OFF:
v. Dejar o entregar en coche inesperadamente.

DRY BEHIND THE EARS:
adj. Alguien sin experiencia. Ingenuo (con NOT).

DUMMY:
s. Tonto.

DUNCE:
s. Tonto.

E

EAT IN:
v. Comer en casa.

EAT OUT:
 v. Comer en la calle.
EAGER BEAVER:
 s. Persona demasiado ambiciosa.
EGG ON:
 v. Animar o impulsar pero sarcásticamente. Obligar.
END UP:
 v. Terminar. Finalizar.
EVERY NOW AND THEN:
 adv. De cuando en cuando.
EVERY SO OFTEN:
 adv. De cuando en cuando
EVERY TIME:
 adv. Siempre. Cada vez.

F

FACE THE MUSIC:
 v. Encararse con la realidad. Aceptar las consecuencias.
FALL DOWN:
 v. Disminuir. Caer.
FALL FLAT:
 v. Caer de cara. Panzaso.
FALL FOR:
 v. Enamorarse de. Creer algo falso.
FALL IN LINE:
 v. Seguir la multitud. Obedecer.
FALL IN LOVE:
 v. Enamorarse.
FALL OFF:
 v. Disminuir. Perder fuerza.
FALL ON:
 v. Saltar sobre algo. Caer sobre algo.
FALL OUT:
 v. Salirse. Abandonar.
FALL-OUT:
 s. Los residuos de una explosión nuclear.
FALL OVER:
 v. Tropezar. Halagar con emoción.

FALL SHORT:
    v. No llegar a la meta.

FALL THROUGH:
    v. Fracasar.

FED UP:
    adj. Harto. Molesto.

FEEL BAD:
    v. Sentirse mal. Tener pena.

FEEL LOUSY:
    v. Sentirse mal o triste.

FEEL SICK:
    v. Sentirse enfermo.

FEEL SORRY:
    v. Tener lástima. Sentirse apenado.

FEEL WELL:
    v. Sentirse bien.

FIGURE OUT:
    v. Solucionar. Calcular.

FILL IN:
    v. Sustituir. Llenar un faltante.

FILL OUT:
    v. Llenar un machote. Engordar.

FILL THE BILL:
    v. Llenar todos los requisitivos. Cumplir.

FIND FAULT:
    v. Criticar. Estar descontento.

FIND OUT:
    v. Descubrir. Investigar.

FINISH OFF:
    v. Terminar. Acabar. Pulir.

FLARE UP:
    v. Agitarse. Emocionarse.

FLIRT:
    v. Coquetear.

FIRE:
    v. Despedir. Cesar del trabajo.

FISH FOR:
    v. Buscar favores indirectamente.

FIT OUT:
 v. Surtir. Arreglar.

FIX:
 v. Arreglar. Reparar. Fijar.

FLUNK:
 v. Reprobar. Fracasar.

FLY IN THE OINTMENT:
 (Mosca en la leche). Un defecto.

FLY OFF THE HANDLE:
 v. Enojarse. Enfurecerse.

FOOL AROUND:
 v. Vagar. Perder el tiempo.

FOOT THE BILL:
 v. Pagar la cuenta.

FOR A WHILE:
 adv. Por un corto plazo.

FOREVER:
 adv. Para siempre.

FOR GOOD:
 adv. Para siempre.

FOR GOODNESS SAKES!
 ex. ¡Por Dios! ¡Caray!

FOR NOW:
 adv. Por el momento.

FOR THE TIME BEING:
 adv. Por el momento.

FRAME:
 v. Incriminar a un inocente.

FROWN ON:
 v. Estar en desacuerdo.

G

GET AFTER:
 v. Perseguir.

GET ALONG:
 v. Progresar bien.

GET ALONG:
 ex. ¡Váyase! ¡Camine!

GET AROUND:
v. Conocer el ambiente.

GET AWAY:
v. Salir. Escaparse. Lograr algo de manera dudosa.

GET A BANG:
v. Excitarse. Gozar.

GET A BREAK:
v. Tener una racha de buena suerte. Encontrarse con una oportunidad.

GET A JOB:
v. Conseguir trabajo.

GET AFTER:
v. Perseguir. Seguir.

GET A LOAD OF THIS!:
ex. ¡Mire nomás! ¡Fíjese nomás!

GET ALONG:
v. Pasarla bien. Caminar bien.

GET AN OFFER:
v. Conseguir o recibir una oferta.

GET AN ORDER:
v. Conseguir o recibir un pedido.

GET ANY:
v. Conseguir algo (sexual).

GET AT:
v. Llegarle a algo. Ponerse a hacer algo. Proponerse.

GET AWAY WITH:
v. Salir con la suya.

GET BACK:
v. Regresar. Devolverse. Vengarse.

GET BETTER:
v. Mejorarse. Aliviarse.

GET BY:
v. Aguantar. Pasarla más o menos.

GET CARRIED AWAY:
v. Emocionarse.

GET CANNED:
v. Ser cesado o despedido.

GET DOWN:
v. Bajarse.

GET DRUNK:
 v. Emborracharse.

GET EVEN:
 v. Vengarse. Amanarse.

GET HOOKED:
 v. Ser engañado o estafado.

GET HOLD OF:
 v. Apoderarse de algo. Encontrar algo.

GET IN:
 v. Entrar. Subirse.

GET IN (ONE'S) HAIR:
 v. Enfadar. Aburrir.

GET IN LINE:
 v. Hacer cola. Aceptar.

GET IN TOUCH:
 v. Ponerse en contacto.

GET IN TROUBLE:
 v. Meterse en dificultades.

GET IT:
 v. Entender. Captar.

GET IT IN THE NECK:
 v. Recibir un golpe o una desilusión.

GET IT OFF:
 v. Enviarlo rápidamente.

GET IT OVER WITH:
 v. Terminarlo rápidamente.

GET LOST!:
 ex. ¡Váyase! ¡Lárguese! Vaya y piérdase.

GET NEXT TO:
 v. Conseguir la confianza de alguien.

GET OFF:
 v. Bajarse. Desviarse. Confundirse.

GET OFF MY BACK:
 ex. ¡Déjame en paz! ¡No esté encima de mí! ¡No me molestes!

GET ON:
 v. Subirse. Seguir adelante.

GET OUT:
 v. Salir.

GET OVER:
 v. Hacerse un lado. Olvidar. Sanar.

GET PLASTERED:
 v. Emborracharse.

GET READY:
 v. Prepararse. Alistarse.

GET RESTED:
 v. Descansar.

GET RID OF:
 v. Deshacerse de algo.

GET ROUGH:
 v. Ponerse severo o grosero.

GET SICK:
 v. Enfermarse.

GET THE AIR:
 v. Ser cesado. Perder la novia.

GET THE BEST OF:
 v. Sacarle ventaja a.

GET THE JUMP ON:
 v. Sacarle ventaja a.

GET THE NEWS:
 v. Recibir noticias.

GET SENT:
 v. Ser enviado.

GET SICK:
 v. Enfermarse.

GET UNDER ONE'S SKIN:
 v. Afectar a alguien intensamente.

GET UP:
 v. Subirse. Levantarse.

GET WELL:
 v. Sanar. Mejorar.

GIVE AWAY:
 v. Regalar.

GIVE A DAMNED:
 v. (Con NOT) No importar.

GO ALL OUT:
 v. Poner todo el esfuerzo.

GO ALL THE WAY:
v. Llegar al fin.

GO AROUND WITH:
v. Salir (de novio) con.

GO BY:
v. Pasar cerca.

GO DOWN:
v. Bajar. Disminuir.

GO EASY:
v. Tomarlo con calma.

GO FOR:
v. Perseguir. Seguir. Tratar de conseguir algo. Enamorarse.

GO IN FOR:
v. Ser aficionado. Gustar algo. Tener interés en algo.

GO JUMP IN THE LAKE!:
ex. ¡Váyase al diablo!

GO NATIVE:
v. Un turista que trata de actuar como los nativos.

GO OFF:
v. Irse. Agitarse. Disparar.

GO ON:
v. Seguir adelante.

GO ON!:
ex. ¡Ándale! ¡Camina!

GO ONE BETTER:
v. Sobrepasar o superar a otra persona.

GO OVER:
v. Revisar. Repasar.

GO OUT:
v. Salir. Cortejar.

GO THE LIMIT:
v. Actuar. sin reserva.

GO THE ROUNDS:
v. Parrandear. Visitar los lugares de diversión.

GO THROUGH WITH IT:
v. Llevarlo a cabo. Terminarlo.

GO WITH:
v. Hacer juego. Salir con una chica.

GO WITHOUT:
  v. Aguantarse. Pasar la vida sin lo necesario.
GO WRONG:
  v. Salir mal. Adquirir malas costumbres.
GOON:
  s. Persona rústica, torpe.

H

HAD BETTER:
  adv. Vale más. Mejor.
HAD OUGHT TO:
  v. Debería. Indica una obligación.
HAND OUT:
  s. Limosna. Ayuda.
HANG ON:
  v. Esperar. Insistir.
HANG ON!:
  ex. ¡No cuelgue! (el teléfono).
HANG UP:
  v. Colgar el teléfono.
HANG UP:
  s. Una falla sicológica. Un bloqueo mental.
HARP ON:
  v. Insistir molestamente.
HAS BEEN:
  s. Persona fracasada o demasiado vieja.
HAVE A HEART:
  v. Tener compasión.
HAVE A HEAD:
  v. Tener una cruda.
HAVE GOT TO:
  v. Estar obligado.
HAVE IT COMING:
  v. Merecerlo.
HAVE IT OUT WITH:
  v. Aclarar las cosas con alguien.
HAVE IT OVER WITH:
  v. Terminarlo todo.

HAVE IT SAID:
   v. Que se diga.

HAVE ON:
   v. Llevar puesto. Usar una prenda.

HAVE ONE'S WAY:
   v. Salir con la suya.

HAVE ONE'S NUMBER:
   v. Conocer el carácter de alguien.

HAVE TIME OFF:
   v. Tener tiempo libre.

HAVE TIME TO SPARE:
   v. Tener tiempo de sobra.

HEAR FROM:
   v. Tener noticias de.

HELP OUT:
   v. Ayudar.

HIT:
   s. Un éxito.

HIT ON:
   v. Atinar.

HIT THE DECK:
   v. Levantarse. Pararse.

HIT ON ALL SIX:
   v. Caminar a toda velocidad.

HIT THE JACKPOT:
   v. Ganar el premio grande.

HIT THE HAY:
   v. Acostarse.

HIT THE ROAD:
   v. Ponerse en camino.

HIT THE SACK:
   v. Acostarse.

HIT THE STREET:
   v. Tomar la calle.

HIT THE SKIDS:
   v. Ir de más a menos. Fracasar.

HOLD OFF:
   v. Detenerse. Aguantar. Esperar.

HOLD ON:
  v. Aguantar. Esperar.
HOLD OUT:
  v. Resistir. Aguantar.
HOLD OVER:
  v. Demorar. Detener. Pasar.
HOLD THE BAG:
  v. Ser culpado injustamente.
HOLD STILL:
  v. Quedarse quieto.
HOLD UP:
  v. Asaltar. Robar. Detener. Demorar.
HOLD WATER:
  v. Resistir. Sostenerse.
HOP TO IT:
  v. Apresurarse a hacer algo.

I

IN A HOLE:
  adv. En dificultades.
IN A HURRY:
  adv. Apresuradamente.
IN A MESS:
  adv. En apuros.
IN A PIG'S EYE:
  adv. Mentiras. Tonterías (expresión de desconfianza).
IN THE BAG:
  adv. Algo seguro.
IN THE CHIPS:
  adv. Con dinero.
IN THE DARK:
  adv. Sin comprenderlo.
IN THE FLESH:
  adv. Uno mismo.
IN THE HOLE:
  adv. Endeudado. En dificultades.
IN THE PINK:
  adv. Sano. En buena condición física.

INSIDE OUT:
adj. Al revés.
IRON OUT:
v. Resolver. Poner en orden.

K

KEEP A STRAIGHT FACE:
v. Mantenerse sereno.
KEEP AN EYE ON:
v. Observar, vigilar. Cuidar.
KEEP COMPANY:
v. Estar de novio. Salir con una chica.
KEEP HOUSE:
v. Administrar el hogar. Vivir con persona del otro sexo.
KEEP IN MIND:
v. Recordar. Mantener en la mente.
KEEP IN TOUCH:
v. Mantener contacto.
KEEP ON:
v. Continuar. Seguir adelante.
KEEP ONE'S WORD:
v. Tener palabra.
KEEP OUT:
v. Manténgase afuera. No se admite.
KEEP TRACK:
v. Llevar cuenta. Mantener un récord.
KEEP UP:
v. Seguir parejo. Continuar con los otros en la competencia.
KEEP UP APPEARANCES:
v. Mantener el imagen de seriedad, riqueza, cultura, etcétera.
KEEP YOUR HEAD:
v. Manténgase sereno.
KICK IN:
v. Pagar la parte que le corresponde.
KICK OVER THE TRACES:
v. Rebelarse contra la rutina.
KILL TIME:
v. Absorber o pasar el tiémpo.

KNOCK AROUND:
> *v.* Vagar. Caminar sin un destino fijo.

KNOCKOUT:
> *v.* Tumbar al suelo para el conteo de diez.

KNOCKOUT:
> *adj. s.* Chica encantadora.

KNOW THE ROPES:
> *v.* Estar informado. Saber los trucos.

KNOW THE SCORE:
> *v.* Saber lo que está pasando.

L

LAY:
> *s.* El acto sexual.

LAY A HAND ON:
> *v.* Poner la mano sobre alguien agresivamente.

LAY ASIDE:
> *v.* Guardar. Ahorrar.

LAY DOWN:
> *v.* Acostarse.

LAY DOWN THE LAW:
> *v.* Imponer la ley.

LAY OFF:
> *v.* Abstenerse. Cesar. Dejar de hacer algo.

LAY ON:
> *v.* Aplicar fuerza.

LEAVE OUT:
> *v.* Omitir. Dejar afuera.

LET ALONE:
> *v.* Dejar en paz. No molestar.

LET GO:
> *v.* Soltar. Liberar.

LET ON:
> *v.* Disimular. Fingir. Pretender.

LET UP:
> *v.* Disminuir la velocidad o fuerza.

LICK:
> *v.* Golpear. Derrotar.

LIE AROUND:
v. Flojear.

LIE DOWN:
v. Acostarse.

LIGHT UP:
v. Iluminar. Encender.

LITTLE BY LITTLE:
adv. Poco a poco.

LIVE DOWN:
v. Conseguir que se olvide algo desagradable.

LIVE UP TO:
v. Cumplir con una obligación.

LOOK AFTER:
v. Cuidar. Atender.

LOOK AT:
v. Mirar. Observar.

LOOK DOWN ON:
v. Despreciar. Ignorar.

LOOK FOR:
v. Buscar. Anhelar.

LOOK FORWARD TO:
v. Esperar ansiosamente.

LOOK INTO:
v. Investigar. Enterarse.

LOOK OUT!:
ex. ¡Cuidado! Cuidarse. Observar.

LOOK OVER:-
v. Examinar. Inspeccionar.

LOOK UP TO:
v. Admirar. Respetar.

LOSE YOUR HEAD:
v. Perder control. Perder la calma.

LOUSY:
adj. Pésimo. No deseable.

LOUSY FOOD:
s. Comida pésima o mala.

LOW DOWN:
s. adj. La verdad. Odioso. De baja calidad o posición social.
Acontecimientos actuales.

M

MAKE A PLAY FOR:

v. Tratar de conseguir la atención de una chica o de una cosa difícil.

MAKE BELIEVE:

v. s. Imaginar. La imaginación. Pretender.

MAKE CERTAIN:

v. Estar seguro de los hechos.

MAKE CLEAR:

v. Aclarar los hechos.

MAKE FRIENDS:

v. Hacer amigos.

MAKE FUN:

v. Burlarse. Despreciar.

MAKE IT:

v. Lograrlo.

MAKE ROOM:

v. Abrir campo o espacio.

MAKE SENSE:

v. Tener buen sentido.

MAKE THE GRADE:

v. Lograr algo.

MAKE THE BEST OF IT:

v. Sacar provecho. Conformarse con lo que hay.

MAKE TIME:

v. Progresar. Caminar aprisa. Ganarle al tiempo.

MAKE OVER:

v. Reformar. Reconstruir. Mostrar cariño o entusiasmo.

MAKE OUT:

v. Lograr algo. Salir bien.

MAKE ROOM:

v. Abrir campo.

MAKE SENSE:

v. Ser lógico.

MAKE UP:

v. Compensar. Igualar. Maquillarse. Contentarse.

MAKE-UP:

s. Maquillaje. Contenido. Estructura.

MAY AS WELL:
   ex. Vale más. Es mejor así.
MESS AROUND:
   v. Juguetear.
MESS UP:
   v. Echar a perder. Perjudicar. Confundir las cosas.
MIX UP:
   v. Enredar. Confundir.
MUCK:
   s. Suciedad. Rezaga.

N

NAIL:
   v. Sujetar. Controlar. Atrapar.
NATURE'S CALL:
   s. Necesidades del cuerpo.
NICKEL:
   s. Cinco centavos de dólar.
NEVER MIND:
   ex. No importa. No se moleste.
NERVE:
   s. Valor. Audacia.
NIX:
   ex. ¡No! Palabra negativa.
NO SPUNK:
   adj. Sin ambición. Sin ganas.
NOW AND THEN:
   adj. De cuando en cuando.
NOW AND FOREVER:
   adv. Para siempre.
NURSE A GRIEVANCE:
   v. Guardar rencor.

O

OFF AND ON:
   adv. De cuando en cuando.

ON A BINGE:
adv. De parranda.

ON PURPOSE:
adv. Adrede.

ON RELIEF:
adv. Sin trabajo. Viviendo con la ayuda del gobierno.

ON THE SKIES:
adv. En decaída. Fracasando. Perdiendo.

ON THE TOWN:
adv. De parranda.

ON THE WHOLE:
adv. En general.

OUT OF MIND:
adv. Olvidado.

OUT OF CASH:
adv. Sin dinero.

OUT OF ORDER:
adv. adj. Fuera de servicio. Descompuesto.

OUT OF STYLE:
adv. adj. Fuera de la moda. Pasado de moda.

OUT OF TOUCH:
adv. Fuera de contacto. Sin comunicación.

OUT OF ONE'S WITS:
adj. Confundido. Molesto.

OUT OF WORK:
adv. Sin trabajo.

OUT TO PASTURE:
adv. Disfrutando plenamente de un lugar.

OWN UP:
v. Confesar. Admitir.

P

PACK UP:
v. Preparar las maletas.

PALM OFF:
v. Pasar una moneda falsa.

PASS AWAY:
v. Morir.

PASS THE BUCK:
v. Escaparse de la responsabilidad. Pasarle la responsabilidad a otro.

PASS OUT:
v. Desmayarse. Caer ahogado de la borrachera.

PAY ATTENTION:
v. Prestar atención.

PAY OFF:
v. Liqudar. Pagar.

PAY THROUGH THE NOSE:
v. Pagar demasiado. Pagar forzado.

PICK A LOCK:
v. Forzar una puerta con un artefacto.

PICK ON:
v. Molestar. Fastidiar.

PICK OUT:
v. Escoger Seleccionar.

PICK OVER:
v. Manosear. Buscar algo especial entre muchas cosas.

PICK UP:
v. s. Recoger. Levantar. Camioneta de entrega. Chica que se deja invitar en la calle.

PICK THE BRAIN:
v. Lavar el cerebro.

PICK UP SPEED:
v. Acelerar.

PIN DOWN:
s. Sujetar. Fijar.

PIPE UP:
v. Hablar tonterías.

PIPE DOWN:
v. Callarse.

PLAY HOOKEY:
v. Irse de pinta.

PLUG AWAY:
v. Trabajar duro.

PULL IN:
v. Llegar a un lugar en carro.

PULL OUT:
 v. Salir de un lugar en carro.
PULL OFF:
 v. Tener éxito con algo difícil.
PULL TOGETHER:
 v. Cooperar. Jalar juntos.
PULL UP:
 v. Parar en un lugar en carro. Acercarse.
PUT AN END TO:
 v. Terminar. Acabar.
PUT BY:
 v. Poner a un lado. Ahorrar.
PUT AWAY:
 v. Guardar por corto plazo. Ahorrar. Matar o eliminar.
PUT DOWN:
 v. Asentar. Bajar. Dominar.
PUT IN FOR:
 v. Solicitar.
PUT OFF:
 v. Posponer. Demorar.
PUT ON:
 v. Ponerse ropa. Poner en marcha.
PUT ON:
 adj. Artificial. Fingido.
PUT ON WEIGHT:
 v. Engordar.
PUT ONE'S FOOT DOWN:
 v. Establecer quién manda. Tomar control.
PUT ONE'S FOOT IN IT:
 v. Meter la pata.
PUT OUT:
 v. Apagar. Cerrar. Echar fuera.
PUT TOGETHER:
 v. Armar. Copilar. Juntar.
PUT UP:
 v. Tolerar. Construir. Aportar dinero. Dar hospedaje. Proponer.
PUT UP OR SHUT UP:
 ex. ¡Pague o cállese!

PUT UP YOUR HANDS!:
  ex. ¡Dése por vencido! "¡Suba las manos!"

Q

QUEER:
  v. s. Echar a perder. Fastidiar. Homosexual.
QUIBBLE:
  v. Argumentar o discutir demasiado.
QUID:
  s. Dinero.
QUITTER:
  s. Persona que nunca termina lo que comienza. Cobarde.
QUIZ:
  s. Examen. Prueba.

R

RAP:
  s. Castigo. Sentencia. Fallo.
RAT:
  s. Pillo. Persona no deseable.
RAT RACE:
  s. Un tumulto. Amontonamiento. Un baile exagerado.
RAVE:
  v. Excitarse. Gritar.
READ:
  v. Comprender. Entender.
READ OVER:
  v. Repasar. Leer de nuevo.
RIG:
  s. Vehículo antiguo. Aparato.
RIG UP:
  v. Montar. Armar. Arreglar.
RIGHT AT:
  adv. Directamente. Exacto.
RIGHT AWAY:
  av. De inmediato.

RIGHT HERE:
adv. Aquí precisamente.

RIGHT OVER:
De inmediato.

RING:
v. s. Llamar o llamada telefónica.

RING BACK:
v. Devolver la llamada.

RISE TO THE OCCASION:
v. Esforzarse para lograr algo. Crecerse.

ROCKET:
v. Subir rápidamente.

ROUGH IT:
v. Vivir rústicamente. Vivir en el campo.

ROUND OUT:
v. Redondear. Acabar.

ROUND UP:
v. Juntar. Coleccionar.

RUB IN:
v. Provocar. Molestar.

RUB OUT:
v. Borrar. Eliminar. Tachar.

RUB THE WRONG WAY:
v. Buscar pleito. Criticar severamente.

RUN AFTER:
v. Seguir. Perseguir.

RUN INTO:
v. Encontrar inesperadamente.

RUN OUT:
v. Agotarse. Terminarse. Salir corriendo.

RUN OVER:
v. Atropellar. Exceder. Derramar.

RUNT:
s. Persona débil, pequeña.

RUSTLE:
v. Apropiarse de algo ajeno. Robar ganado.

RUST OVER:
v. Oxidarse.

S

SACK:
 v. s. Despedir. Cesar. Cama.

SASS:
 v. Burlar. Molestar.

SCRAPE BY:
 v. Hacer algo con mucha dificultad. Apenas lograrlo.

SEE ABOUT:
 v. Indagar. Investigar.

SEE EYE TO EYE:
 v. Estar de acuerdo.

SEE HERE:
 ex. ¡Vea usted!

SEE OFF:
 v. Despedirse de un amigo. Llevar a un amigo al aeropuerto
 o a la estación.

SELL OUT:
 v. Vender todo.

SELL-OUT:
 s. Venta total. Agotamiento de mercancía.

SEND OVER:
 v. Enviar a un lugar específico.

SERVES YOUG RIGHT!:
 ex. Para que aprendas. Tienes la culpa.

SET FIRE:
 v. Excitar. Impulsar. Incendiar.

SET FORTH:
 v. Presentar. Explicar.

SET OFF:
 v. Partir. Impulsar. Disparar.

SET ON FIRE:
 v. Excitar. Incendiar.

SET PACE:
 v. Establecer el paso.

SET THE STAGE:
 v. Preparar el local.

SET SAIL:
 v. Zarpar.

SET UP:
   v. Establecer. Construir. Organizar.
SET UPON:
   v. Atacar. Perseguir.
SET WELL:
   v. Caer bien. Estar bien.
SHAKE HANDS:
   v. Saludar de mano.
SHAKE OFF:
   v. Deshacerse de algo o de alguien.
SHAKE UP:
   v. Agitar. Impulsar. Reformar. Reorganizar
SHELL OUT:
   v. Pagar. Entregar dinero.
SHOW-DOWN:
   s. La prueba final.
SHOW OFF:
   v. Llamar la atención.
SHOW UP:
   v. Presentarse finalmente.
SHUT IN:
   s. Persona que no sale.
SHUT DOWN:
   v. Cerrar. Clausurar.
SHUT UP!:
   ex. ¡Cállese!
SIGN IN:
   v. Registrarse. Apuntarse.
SIT FIRM:
   v. Permanecer firme.
SIT IN:
   v. Tomar parte. Estar presente.
SIT OUT:
   v. No tomar parte.
SIT PRETTY:
   v. Estar en buenas condiciones.
SIT TIGHT:
   v. Permanecer firme.

SIT UP:
   v. Desvelarse.

SKIM THROUGH:
   v. Pasar o leer algo rápidamente.

SLIP UP:
   v. Cometer un error.

SLOW DOWN:
   v. Bajar velocidad.

SLOW POKE:
   s. Persona lenta o floja.

SMELL A RAT:
   v. Tener suspicacia. Prever que algo malo va a suceder.

SNAP UP:
   v. Apresurarse. Aprovechar una oportunidad.

SOMETHING FUNNY:
   s. Algo suspicaz.

SOMETHING WRONG:
   s. Algo que va mal.

SO FAR:
   adv. Hasta ahora. Hasta este momento.

SO LONG:
   adv. ex. Tanto tiempo. Mientras. ¡Hasta luego!

SPONGE:
   v. Escaparse de pagar.

SPONGER:
   s. Uno que espera que los amigos paguen.

STAND A CHANCE:
   v. Tener posibilidades.

STAND FOR:
   v. Significar. Apoyar. Sostener.

STAND OUT:
   v. Sobresalir.

STAND TO REASON:
   v. Ser lógico. Tener razón.

STAND UP:
   v. Pararse. Tener duración o aguante.

STAND UP FOR:
   v. Apoyar a alguien.

STAND UP TO:
v. Confrontarse con alguien, manteniéndose firme.

STAY IN:
v. Quedarse en casa.

STAY OUT:
v. Mantenerse fuera de casa.

STAY PUT:
v. Mantenerse en un lugar.

STAY UP:
v. Desvelarse.

STEAL THE MARCH:
v. Adelantarse.

STICK AROUND:
v. Mantenerse cerca.

STICK OUT:
v. Sacar. Sobresalir.

STICK UP:
v. Asaltar. Apoyar.

STICK TO:
v. Ser fiel.

STIR UP:
v. Provocar. Excitar.

STINGY:
adj. Mezquino. Avaro. Miserable.

STRETCH:
s. Periodo de prisión.

STRETCH A POINT:
v. Interpretar algo libremente.

STUCK:
v. Atorado. Estafado. Vencido.

SWELL:
adj. Magnífico.

SWANK:
adj. Elegante.

SWIPE:
v. Robar.

T

TAG ALONG:
v. Seguir cerca.

TAG ON TO:
v. Juntarse con o seguir a alguien.

TAKE:
v. s. Aceptar. Estafar. Derrotar. Botín. Ganancia.

TAKE ACCOUNT:
v. Darse cuenta.

TAKE ADVANTAGE:
v. Tomar ventaja. Aprovechar.

TAKE A BACK SEAT:
v. Tomar un lugar inferior.

TAKE AFTER:
v. Parecerse a. Seguir o perseguir.

TAKE A LOOK:
v. Dar un vistazo.

TAKE A POWDER:
v. Escaparse.

TAKE A SEAT:
v. Sentarse.

TAKE A WALK:
v. Dar un paseo.

TAKE BACK:
v. Aceptar en devolución. Conceder un equívoco.

TAKE CARE:
v. Cuidar. Ser precavido.

TAKE CHARGE:
v. Tomar cargo.

TAKE DOWN:
v. Anotar. Tumbar. Bajar.

TAKE FOR:
v. Aceptar equivocadamente.

TAKE FOR GRANTED:
v. Tomar por hecho.

TAKE HEART:
v. Animarse.

TAKE HEED:
v. Cuidarse.

TAKE HOLD OF:
v. Tomar posesión. Hacerse cargo de. Agarrar.

TAKE INTEREST:
v. Tomar interés.

TAKE INTO ACCOUNT:
v. Tomar en cuenta.

TAKE IT EASY:
v. Tomarlo con calma.

TAKE IT HARD:
v. Tomarlo con pena.

TAKE IT OUT ON:
v. Vengarse de.

TAKE ON:
v. Responsabilizarse de.

TAKE OFF:
v. Quitar. Eliminar. Partir. El despegue de un avión.

TAKE ONE'S MEDICINE:
v. Recibir lo que uno merece.

TAKE OUT:
v. Sacar. Quitar.

TAKE OVER:
v. Hacerse cargo.

TAKE PAINS:
v. Esmerarse. Tener mucho cuidado.

TAKE PITY:
v. Tener lástima.

TAKE PLACE:
v. Suceder.

TAKE THE CAKE:
v. Ganarse el premio.

TAKE THE TROUBLE:
v. Molestarse para hacer un favor.

TAKE TIME:
v. Hacerlo con calma. Tomar su tiempo.

TAKE TIME OFF:
v. Ausentarse del trabajo. Tomar tiempo.

TAKE TO:
v. Agradar. Gustar.

TAKE TO HEART:
v. Tomarlo en serio.

TAKE UP WITH:
v. Comenzar a noviar con. Interesarse en algo.

TAKE TURNS:
v. Alternarse. Turnarse.

TALK BIG:
v. Hablar pomposamente.

TALK OVER:
v. Discutir. Dialogar.

TATTLETALE:
s. Mentiroso. Chismoso.

TEAR DOWN:
v. Derribar. Destrozar.

TEAR IN:
v. Entrarle con ganas.

TEAR UP:
v. Romper. Rasgar.

TELL APART:
v. Distinguir.

TELL ABOUT:
v. Platicar acerca de.

TELL TIME:
v. Dar la hora.

THINK OUT:
v. Meditar. Concluir.

THINK OVER:
v. Pensarlo.

THINK TWICE:
v. Pensarlo dos veces.

THINK UP:
v. Idear. Inventar.

THROW AWAY:
v. Desechar. Tirar.

THROW LIGHT ON:
v. Aclarar.

THROW OFF:
> *v.* Desechar. Lanzar. Deshacerse de.

THROW OUT:
> *v.* Expulsar. Echar fuera.

THUMB A RIDE:
> *v.* Pedir un aventón en la carretera con el dedo.

TICK OFF:
> *v.* Caminar tan uniforme como el sonido de un reloj. Repetir.

TICKLE:
> *v.* Hacer cosquillas. Agradar. Divertir.

TIP:
> *v. s.* Dar propina. La propina. Viene de *To Insure Prompt Service*.

TIP OFF:
> *v.* Dar aviso al enemigo.

TIRED OUT:
> *v.* Fatigado.

TOE THE LINE:
> *v.* Seguir la línea. Obedecer.

TOSS OFF:
> *v.* Tragar.

TOSS UP:
> *v.* Tirar en el aire. Hacer un volado.

TOUCH OFF:
> *v.* Impulsar. Disparar.

TOY WITH:
> *v.* Juguetear con. Divertirse.

TRACK DOWN:
> *v.* Encontrar y seguir la pista.

TRICK:
> *s.* Truco. El acto sexual.

TRICKY:
> *ad.* Tramposo.

TROT OUT:
> *v.* Sacar para exhibir.

TRY OUT:
> *v.* Probar. Medirse.

TRY ON:
> *v.* Medirse prenda de ropa.

TUNE IN:
   v. Entrar en onda.
TUNE UP:
   v. Afinar un instrumento.
TURN AROUND:
   v. Dar la vuelta.
TURN DOWN:
   v. Rechazar.
TURN IN:
   v. Entregar. Entregarse. Ir a la cama.
TURN LOOSE:
   v. Liberar. Soltar.
TURN OUT:
   v. Apagar. Echar fuera. Resultar.
TURN ON:
   v. Prender. Encender. Abrir.
TURN OVER:
   v. Voltear. Volcarse. Dar vuelta.
TURN OVER A NEW LEAF:
   v. Comenzar de nuevo. Reformarse.
TURN THE TABLES:
   v. Cambiar de posición.
TURN TURTLE:
   v. Caer patas arriba.
TURN UP:
   v. Presentarse inesperadamente.
TURN UPON:
   v. Voltear y atacar.

U

USED TO:
   adv. Acostumbrado.
USED UP:
   adj. Usado. Terminado.
UP TO DATE:
   adj. Moderno. Al día.

V

VALENTINE:
s. Mensaje de amor.
VALENTINE'S DAY:
s. Día de novios, el 14 de febrero.
VAMOOSE!:
ex. (del *español vamos*) ¡Váyase! ¡Lárguese!
VAMP:
v. Coquetear.
VANILLA:
s. Cualquier cosa ordinaria.
VEEP:
s. Vicepresidente.
VELVET:
s. Dinero. Ganancia.
VERIEST:
adj. Extremo. Máximo.
VERMIN:
s. Persona desagradable.
VET:
s. Veterano. Veterinario.
VEX:
v. Molestar. Fastidiar.
V.I.P. *(Very Important Person):*
Persona muy importante.
VIXEN:
s. Mujer desagradable.
VOTE DOWN:
v. Derrotar con votos.

W

WADE INTO:
v. Entrarle duro.
WADE THROUGH:
v. Luchar a través de un problema u obstáculo.
WAG:
v. Mover la cola o la cabeza.

WAIT FOR:
   v. Esperar.

WAIT ON:
   s. Servir (mesero) a alguien.

WAIT UP:
   v. Desvelarse esperando.

WALK AWAY:
   v. Ganar fácilmente.

WALK OUT:
   v. Rechazar. Abandonar. Salirse disgustado.

WAKE UP:
   v. Despertar. ¡Póngase listo!

WARM UP:
   v. El calentamiento o preparación de un atleta.

WASH ONE'S HANDS OF IT:
   v. Evadir alguna responsabilidad. Lavarse las manos.

WASHOUT:
   s. Fracaso. Algo que no resultó.

WASTE YOUR BREATH:
   v. Desperdiciar un esfuerzo.

WATCH OUT!:
   ex. ¡Cuidado!

WEAR OUT:
   v. Gastarse. Cansarse.

WEAR OFF:
   v. Desgastarse. Pasarse.

WIN OVER:
   v. Conquistarse a alguien.

WIND UP:
   v. Terminar un largo asunto.

WINK AT:
   v. Ignorar. Aceptar. Burlar.

WIPE OFF:
   v. Limpiar. Pagar una deuda por completo.

WIPE OUT:
   v. Eliminar. Terminar. Matar. Destruir.

WIRE:
   v. Enviar un telegrama.

WORK OUT:
   v. Salir bien. Desarrollar. Solucionar.
WORK UP:
   v. Desarrollar. Preparar.
WOULD RATHER:
   v. Preferir.
WOW!:
   ex. ¡Caray! ¡Caramba! ¡Guau!
WRAP IT UP:
   v. Terminarlo. Envolverlo. "Envuélvalo, me lo llevo".
WRAPPED UP IN:
   v. Aficionado o emocionado con algo.
WRITE OFF:
   v. Cancelar una cuenta. Quitar de los libros.
WRITE UP:
   v. Redactar. Compilar.

Z

ZERO HOUR:
   s. La hora cero.
ZIG-ZAG:
   v. Zigzag.
ZIP YOUR MOUTH!:
   ex. ¡Cállate la boca!
ZOMBIE:
   s. Persona torpe o tonta.
ZOOM:
   v. Volar. Caminar rápidamente con un zumbido.

Parte segunda

SLANG O MODISMOS POPULARES

A

AA *(antiaircraft):*
Antiaéreo.

A-BOMB:
Una carcacha muy veloz.

ABORTION:
s. Un plan que fracasa.

ACE:
s. Billete de un dólar.

ACE HIGH:
adj. Excelente.

ACE UP:
Sorpresa. As destapado.

A FOR EFFORT:
Expresión para ridiculizar a los que fracasan aun cuando ponen muchísimo esfuerzo.

AIR, GET THE:
v. Ser despreciado.

AIRS:
s. Presunciones. Vanidad.

ALFALFA:
s. Dinero. Barbas.

ALKY:
s. Alcohol.

ALLIGATOR:
s. Entusiasta de música moderna.

ALL OUT:
adj. Con todo esfuerzo.

ALL RIGHT:
ex. Muy bien. De confianza.

ALL THE WAY:
adj. Completamente. Sin límite.

ALL WASHED OUT:
adj. Fracasado.

ALL WET:
Equivocado.
ALSO RAN:
s. Político derrotado.
ALVIN:
s. Persona rústica. Campesino.
ALYO:
s. De rutina. Seguro. Calmado.
AM:
abr. Amateur.
AMATEUR NIGHT:
s. Esfuerzos de principiantes.
AMBISH:
abr. Ambición.
AMBULANCE CHASER:
s. Abogado sin ética.
AMECHE:
s. Teléfono.
AMMONIA:
s. Agua carbonizada.
AMSCRAY!:
ex. ¡Váyase!
ANCHOR MAN:
s. Guardameta.
AND HOW!:
ex. ¡Y cómo! (énfasis).
AND SUCH:
s. Y tal. Similar.
ANGEL:
s. Uno que dona dinero.
ANGEL TEAT:
s. Un licor suave.
ANGLE:
s. Detalle. Movida. Negocio dudoso.
ANTE:
s. La entrada a una mano de póker.
ANTS IN THE PANTS:
s. Desesperación. Nerviosidad. Preocupación.

ANYHOO:
s. *(anyhow)* De cualquier manera.

ANY OLD...:
adj. Cualquier cosa.

APE:
s. El ápex. El clímax. Lo máximo.

APE:
v. Imitar.

APPLE:
s. Pelota. Globo. El mundo. Bomba.

APPLEBUTTER:
v. Dar atole con el dedo.

APPLEKNOCKER:
s. Campesino.

APPLE POLISH:
v. Lambisquear. Buscar favores.

APPROPRIATE:
v. Robar.

AQUARIUM:
s. Iglesia.

ARAB:
s. Persona morena. Persona apasionada.

ARKANSAS TOOTHPICK:
s. Navaja. Bayoneta.

ARKY:
s. Bracero de Arkansas.

ARMCHAIR GENERAL:
s. Un experto sin experiencia.

ARMORED COW:
s. Leche enlatada.

ARMSTRONG:
s. Serie de notas altas en la trompeta.

ARM-WAVER:
s. Patriota. Político.

AROUND THE BEND:
La aproximación al fin de una tarea.

ARRIVE:
v. Tener éxito. Ser aceptado como hippie.

ART:
>   s. Fotos de criminales. Fotos de desnudos.

ARTICLE:
>   s. Persona.

ARTILLERY:
>   s. Pistola. Jeringa hipodérmica.

ASH CAN:
>   s. Explosivo antisubmarinos.

ASK FOR IT:
>   v. Pedir dificultades.

ASLEEP AT THE SWITCH:
>   adv. Descuidado. Negligente.

ASS:
>   s. Un tonto. Estúpido.

ASSHOLE:
>   s. El ano. Persona repulsiva.

AT LIBERTY:
>   adj. Divorciado. Sin trabajo.

ATTABOY!:
>   ex. ¡Hola! Aplausos.

AUNT:
>   s. Prostituta vieja. Madrota.

AUSSIE:
>   s. Australiano.

A.W.O.L. (Away without leave):
>   Ausente sin permiso.

AXE:
>   s. Instrumento musical.

AXLE GREASE:
>   s. Mantequilla. Esfuerzo.

AX TO GRIND:
>   s. Crítica. Queja.

B

B.:
>   abr. Benzedrina.

BABBIT:
>   s. Persona promedio.

BABBLING:
 v. Hablando tonterías.
BABE:
 s. Mujer joven.
BABE RUTH:
 s. Un jonrón (beisbol).
BABY DOLL:
 s. Muchacha bonita.
BABY SITTER:
 s. Cuidadora de niños.
BATCH:
 s. (Bachelor) Soltero.
BACHELOR GIRL:
 s. Muchacha soltera.
BACK:
 v. Apoyar. Financiar.
BACK ALLEY:
 Callejón pobre. Un tipo de jazz.
BACK BAY:
 s. Elegante. Próspero.
BACKBONE:
 s. Valor. Coraje.
BACK NUMBER:
 adj. Pasado de moda.
BACK OFF:
 v. Sacar la vuelta. Desistir. Retroceder.
BACK ROOM:
 s. Juntas privadas. Cuarto donde hay juegos ilícitos.
BACK TALK:
 s. Respuesta impertinente.
BACK UP:
 v. Apoyar. Verificar.
BAD ACTOR:
 Persona mala. Animal indomable.
BADGE BANDIT:
 s. Policía inmoral. Mordelón.
BADGER GAME:
 s. Chantaje en que se usa una mujer como carnada.

BAD MAN:
s. Villano de película.

BAD NEWS:
s. Cobranza. Malas noticias.

BAD TIMES:
s. Momentos peligrosos o desagradables.

BAFFLE GAB:
s. Verbosidad sin significado.

BAG:
s. Mujer vieja, fea.

BAG OF WIND:
s. Hablador.

BAG PUNCHER:
s. Boxeador.

BAIL OUT:
v. Saltar con paracaídas. Salir con fianza. Sacar de dificultades.

BAKER:
s. Letra "B". Bastardo. Perra.

BAKER'S DOZEN:
s. Trece.

BALD:
s. Sin envase. Descarado. Nudo.

BALD HEADED ROW:
s. Primera fila.

BALDIE:
s. Calvo.

BALL:
v. Hacer el acto sexual.

BALL AND CHAIN:
s. Esposa (o).

BALLED UP:
adj. Confuso.

BALL OF FIRE:
s. Persona excepcional.

BALOON HEAD:
s. Persona estúpida.

BALOON ROOM:
s. Donde se fuma mariguana.

BALLS:
   s. Testículos. Expresión de disgusto o incredulidad.
BALL THE JACK:
   v. Hacerlo rápidamente.
BALL UP:
   v. Confundirse. Hacerse bolas.
BALLY-HOO:
   s. Palabras de un locutor o animador.
BALLY STAND:
   s. Plataforma frente a una carpa de circo.
BAM:
   v. Golpe. Golpear. Explotar.
BAMBINO:
   s. Nene. Joven.
BAMBOOZLE:
   v. Estafar. Engañar.
BAMBOULA:
   s. Baile erótico de negros.
BANANA:
   s. Cómico malo. Mulata bonita.
BANG:
   v. Hacer el acto sexual. Sonar. Explotar.
BANG UP:
   adj. Excelente. Excitante.
BANJO:
   s. Una pala.
BANK ON:
   v. Tener confianza.
BANKROLL:
   s. Rollo de billetes.
BARBECUE:
   s. Chica sexualmente atractiva.
BARBER:
   Hablador. Pitcher.
BARBER SHOP:
   s. Cuarteto masculino.
BAREBACK:
   adj. Desnudo. Sin montura.

BAREFACE:
adj. Descarado. Impertinente.

BAREFOOT:
adj. Descalzo. Sin llantas.

BARF:
v. Vomitar.

BAR FLY:
s. Borracho. Frecuentador de cantinas.

BARGE IN:
v. Entrar sin permiso.

B-GIRL:
s. Fichera.

BARK:
s. La piel.

BARKER:
s. Animador.

BAR KEEP:
s. Cantinero.

BARKING DOGS:
s. Pies cansados.

BARN BURNER:
s. Algo sensacional.

BARN DOOR:
s. Algo grande. Con los dientes separados.

BARNEY:
adj. Fraudulento. Apuestas tramposas (box o carreras).

BARNSTORM:
s. Paradas breves teatrales.

BARNYARD GOLF:
s. Juego con herraduras.

BARREL:
v. Caminar rápidamente.

BARREL HOUSE:
s. Burdel. Cantinucha.

BASH:
v. Golpear. Fiesta inolvidable.

BASKET:
s. Estómago. El solar plexis.

BASTARD:
    s. Bastardo. Persona despreciable o inaceptable.

BASTILLE:
    s. Cárcel. Prisión.

BAT:
    s. Borrachera. Prostituta.

BAT AROUND:
    Vacilar. Perder el tiempo.

BATCH:
    s. Montón. Porción. Unidad.

BAT FOR:
    v. Ayudar a alguien.

BAT THE GUMS:
    v. Hablar demasiado.

BAT HIDES:
    s. Billetes.

BATHTUB:
    s. El carro de lado de una motocicleta.

BATON:
    s. Macana. Club nocturno.

BATS:
    adj. Loco.

BATTERY ACID:
    s. Café malo.

BAT THE BREEZE:
    v. Comadrear. Chismear.

BATTLE AXE:
    s. Mujer peleonera.

BATTLE WAGON:
    s. Barco de guerra.

BATTY:
    adj. Loco.

BAWL:
    v. Llorar.

BAWL OUT:
    v. Regañar. Maltratar.

BAY WINDOW:
    s. Panza grande.

BAZOOKA:
s. Lanza cohetes manual.

B/BOY:
s. Soldado encargado del comedor.

BEACH BUGGY:
s. Vehículo de playa,

BEAK:
s. Nariz grande. Abogado.

BEAN:
s. La cabeza.

BEAN BALL:
s. Un picheo a la cabeza.

BEAN EATER:
s. Residente de Boston.

BEAN POLE:
s. Persona delgada y alta.

BEAN SHOOTER:
s. Pistola pequeña.

BEAN WAGON:
s. Fonda. Pequeño restaurante.

BEAR:
s. Policía. Persona excepcional.

BEARD:
s. Persona intelectual.

BEAST:
s. Muchacha fea. Prostituta.

BEAT:
v. Ganar. Defraudar.

BEAT:
adj. Cansado. Derrotado.

BEAT AROUND THE BUSH:
v. Sacar la vuelta. Evadir un asunto.

BEAT (ONE'S) BRAINS:
v. Esforzarse con un problema. Luchar.

BEAT (ONE'S) MEAT):
v. Masturbarse.

BEAT THE BUSHES:
v. Buscar cuidadosamente.

BEAT UP:
  v. Golpear a alguien.

BEATEN TO THE ANKLES:
  adj. Cansadísimo.

BEAT (ONE'S) GUMS:
  v. Hablar demasiado.

BEATING, A:
  s. Un fracaso. Una derrota.

BEAT IT:
  ex. ¡Váyase! ¡Lárguese!

BEATNIK:
  Persona fracasada. Persona desilusionada.

BEAT OUT:
  v. Tocar jazz. Defraudar. Escribir en máquina.

BEAT PAD:
  s. Donde se fuma mariguana. Habitación de un beatnik.

BEAT THE DRUM:
  v. Hablar demasiado.

BEAT (HIS) TIME:
  v. Quitarle la novia.

BEAT TO THE GROUND:
  adj. Completamente fatigado o vencido.

BEAT UP:
  v. Golpear. Maltratar.

BEAT UP:
  adj. En malas condiciones. Maltratado. Golpeado.

BEAT (ONE'S) WAY:
  v. Viajar sin pagar.

BEAUT:
  adj. Bonito(a).

BEAVER:
  s. Barba. Persona demasiado ambiciosa.

BEDBUG:
  s. Portero de carro Pullman.

BEDDIE WEDDIE:
  s. Cama.

BEDDIE WETTIE:
  v. Orinarse en la cama.

BEDROCK:
    s. La verdad.

BED WITH:
    v. Acostarse con.

BEE:
    s. Una obsesión.

BEEF:
    v. Quejarse. Argumentar.

BEEF TRUST:
    s. Gente gorda.

BEEF UP:
    v. Agregar más fuerza.

BEEN HAD:
    v. Ser defraudado o engañado.

BEEN TAKEN:
    v. Ser defraudado o engañado.

BEEN SCREWED:
    Ser jodido. Ser estafado.

BEER BELLY:
    s. Panza grande.

BEER JERKER:
    s. Cantinero.

BEER JOINT:
    s. Cantinucha.

BEES AND HONEY:
    s. Dinero.

BEESWAX:
    s. Negocio. Asunto.

BEETLE:
    s. Muchacha que usa pantalones.

BEEVEEDEES:
    s, Ropa interior masculina.

BEEZER:
    s. La nariz.

BE GOOD:
    v. Compórtese bien.

BEHIND:
    s. Nalgas.

BEJESUS:
ex., s. Por Dios. Una golpiza.

BELCH:
v. Eructar.

BELFRY:
s. La cabeza.

BELLHOP:
s. Mozo. Botones.

BELL RINGER:
s. El que puede. Vendedor.

BELLS:
s. Horas (en un barco).

BELLY:
s. Panza.

BELLY LAUGH:
s. Risotada.

BELLY BRASS:
s. Insignia militar.

BELLY BUTTON:
s. Ombligo.

BELLY FIDDLE:
s. Guitarra.

BELLY RUB:
s. Baile.

BELLY UP:
v. Recargarse sobre algo.

BELLY WASH:
s. Bebida insípida.

BELLY BUSTER:
s. *Panzaso* (natación).

BELT:
v. Golpe al estómago. Golpear.

BELT IN:
v. Apretar el cinturón. Prepararse para dificultades.

BELT THE GRAPE:
v. Beber demasiado.

BENCH:
s. La banca de las reservas.

BENCH WARMER:
   s. Atleta en la banca.
BEND:
   s. Borrachera. Violar la ética. Retorcimientos de un adicto a narcóticos.
BEND THE ELBOW:
   v. Echarse un trago.
BENDER:
   s. Borrachera.
BENDS:
   s. Dolores de descompresión.
BEND THE THROTTLE:
   v. Acelerar.
BENNIE:
   s. Excitante. Benzedrina.
BERMUDAS:
   s. Pantalón ajustado arriba de la rodilla.
BERRY:
   s. Un dólar.
BEST MAN:
   s. Padrino de casamiento.
BETSY:
   s. Arma. Pistola. Rifle.
BETTER HALF:
   s. Esposo(a)
BETWIXT AND BETWEEN:
   adv. Incierto. Indeciso.
B-GIRL:
   s. Fichera.
BIBLE:
   s. Manual. Catálogo. Reglamento.
BID:
   s. Una invitación social.
BIFF:
   s. Nota musical alta y mal ejecutada. Muchacha fácil. Golpe.
BIDDY:
   s. Mujer vieja repugnante.
BIG:
   adj. Grande. Importante.

BIG APPLE:
s. Una ciudad grande.
BIG BERTHA:
Cañón de gran potencia. Mujer grande y gorda.
BIG BROTHER:
s. Un trabajador social. Policía. Fraile.
BIG BROWN EYES:
s. Senos grandes.
BIG CHEESE:
s. Persona que se cree importante.
BIG D.:
s. Dallas, Texas.
BIG DADDY:
s. Hombre favorito de una mujer. Alcahuete.
BIG DEAL:
s. El gran negocio.
BIG DICK:
El número 10 de los dados. Pene grande.
BIG DITCH:
s. Río Mississippi.
BIG DRINK:
s. El océano.
BIG DRINK OF WATER:
s. Hombre grande.
BIG EIGHTS:
s. Ropa interior larga.
BIG GEORGE:
s. 25 céntimos de dólar.
BIG HEAD:
s. La cruda. Persona que se cree la gran cosa.
BIG HOUSE:
s. La penitenciaría.
BIG IDEA:
s. Una idea mala.
BIG LEAGUE:
s. Liga mayor.
BIG LEAGUER:
s. Jugador en las ligas mayores.

BIG LIE:
s. Una mentira colosal.

BIG MOMENT:
s. El o la novia del momento.

BIG MOUTH:
s. Hablador(a)

BIG NAME:
s. Persona importante, famosa.

BIG NOISE:
s. Algo sensacional.

BIG NUMBER:
s. Asunto importante. Persona importante.

BIG ONE:
s. Billete de 1 000 dólares.

BIG PIPE:
s. Saxofón barítono.

BIG POND:
s. El mar.

BIG RAG:
s. La carpa grande (circo).

BIG SCHOOL:
s. Escuela correccional.

BIG SHOT:
s. Persona importante.

BIG TALK:
s. Presumir.

BIG TIME:
adj. Asunto de gran importancia.

B.T.O. *(Big time operator):*
Persona muy astuta. Persona de grandes negocios.

BIG TIME:
adj. De alto calibre o nivel.

BIG TOP:
s. Carpa principal de circo.

BIG TROUBLE:
s. La depresión de 1930.

BIG WHEEL:
s. El mero mero. Persona importante.

BIG SHIT:
  s. Persona que se cree gran cosa.
BIKINI:
  s. Traje de baño abreviado.
BILGE:
  s. Plática sin significancia. Inmundicia.
BILL:
  s. Billete. La nariz.
BILLY:
  s. Macana.
BIM:
  s. Hombre rústico y fuerte.
BIND:
  s. Dificultad o problema.
BINDLE:
  s. Cobija arrollada. Mochila.
BINDLE STIFF:
  s. Bracero. Trampa. Vagabundo.
BING:
  s. Celda aislada, solitaria (cárcel).
BINGE:
  s. Parranda.
BINGLE:
  s. Un hit (beisbol).
BINGO:
  s. Juego de azar. Exclamación: ¡Aquí está! "¡Ya lo encontré!"
BINNY:
  s. Bolsillo oculto para robar.
BIRD:
  s. Fulano. Persona rara.
BIRD DOG:
  s. Chaperón. Cuidador. Uno que halaga a la esposa del jefe.
BIRDS AND BEES:
  s. Las verdades del sexo.
BIRTHDAY SUIT:
  adj. Desnudo.
BISCUIT:
  s. La cabeza. Reloj. Moneda.

BISTRO:
    s. Restaurante. Club nocturno.

BIT:
    s. Papel pequeño para un artista.

BITCH:
    s. Mujer repulsiva o promiscua.

BITCH, TO:
    v. Quejarse amargamente.

BITCH BOX:
    s. Un parlavoz público.

BITCH KITTY:
    s. Muchacha de mal genio.

BITCH SESSION:
    s. Junta para discutir quejas.

BITE:
    s. Mordida.

BITE, PUT THE:
    v. Pedir prestado.

BITE THE DUST:
    v. Morir. Caer.

BIZ *(business):*
    s. Negocio.

BLABBERMOUTH:
    s. Hablador.

BLAB:
    v. Hablar revelando un secreto.

BLACK AND TAN:
    s. Mulato(a).

BLACK AND WHITE:
    s. Helado con chocolate.

BLACKBAITER:
    s. Persona que odia a los negros.

BLACK COAT:
    s. Operador de funeraria.

BLACK COW:
    s. Rootbeer y helado.

BLACK EYE:
    s. Algo que lastima el prestigio.

BLACK MARIA:
   s. Ambulancia de policía.

BLACK MARKET:
   s. Mercado negro.

BLACK OUT:
   s. Apagón. Desmayarse. Perder el conocimiento.

BLACK STRAP:
   s. Melaza. Café.

BLACK STUFF:
   s. Opio.

BLADE:
   s. Joven ambicioso.

BLAH:
   s. Conversación sin sentido.

BLANKET:
   s. Hot cakes. Tortilla.

BLAST:
   s. Explosión. Golpe. Balazo.

BLASTED:
   s. Sin dinero. Desdichado.

BLASTER:
   s. Asesino. Pistolero.

BLAST OFF:
   s. Despegue de cohete.

BLAST (ONE):
   v. Hacer una severa crítica.

BLAST PARTY:
   s. Reunión de adictos.

BLEED:
   v. Sacarle dinero a alguien.

BLESSED EVENT:
   s. Nacimiento.

BLIMP:
   s. Persona gorda.

BLIND:
   Borracho. Ignorante.

BLIND DATE:
   s. Cita con persona desconocida.

BLIND PIG:
s. Cantina clandestina.

BLIND TIGER:
s. Licor corriente.

BLOB:
s. Error. Metida de pata.

BLOCK:
s. La cabeza.

BLOCKHEAD:
s. Persona tonta.

BLOKE:
s. Fulano.

BLOOD:
s. Persona activa socialmente.

BLOODY MURDER:
s. Derrota.

BLOOMER:
s. Calzón. Día de mal negocio.

BLOT OUT:
v. Asesinar. Matar.

BLOTTER:
s. Registro de la policía.

BLOTTO:
adj. Borracho.

BLOW:
s. Tempestad. Golpe. Tocar un instrumento de aire.

BLOW A FUSE:
v. Enojarse. Ponerse violento.

BLOW A GASKET:
v. Ponerse violento.

BLOWEN:
s. Una mujer.

BLOWHARD:
s. Hablador. Presumido.

BLOW IN:
v. Derrochar dinero.

BLOW JOB:
s. Acto sexual oral.

BLOW UP:
  v. Volar con explosivos. Enojarse.
BLOW OFF STEAM:
  v. Hablar excitadamente.
BLOW THE WHISTLE:
  v. Dar señales. Dar noticias. Avisar de peligro. Parar una actividad.
BLOW THE TOP:
  v. Suicidarse. Volverse loco.
BLOW UP:
  v. Amplificar. Explotar. Reñir.
BLOW UP A STORM:
  s. Tocar jazz u otra música moderna con ánimo.
BLUBBER:
  v. Llorar.
BLUBBERHEAD:
  s. Persona estúpida.
BLUE:
  adj. Obsceno. Vulgar. Triste.
BLUE BALLS:
  s. Enfermedad venérea.
BLUE BOOK:
  s. Examen. Directorio. Reglamento.
BLUE CHIP:
  adj. Una apuesta segura.
BLUE EYED:
  adj. Inocente. Creído.
BLUE FUNK:
  adj. Triste.
BLUEJEANS:
  s. Pantalón de mezclilla.
BLUE NOSE:
  s. Puritano. Conservador.
BLUE VEIN:
  s. Un pene medio duro (véase *Diamond cutter*).
BLUES:
  s. Tristeza. Melancolía.
BLURB:
  s. Texto de propaganda.

M.M.O.C. *(Big man on the campus):*
Un colegial muy popular.

B.T.O. *(Big time operator):*
Hombre astuto. Operador en gran escala.

B.O. *(Body odor):*
Olor del cuerpo.

BO:
s. Vagabundo. Trampa.

BOARD:
s. Naipes.

BOAT:
s. Automóvil.

BOB:
s. Dinero.

BOBBY SOXER:
s. Muchacha adolescente.

BOB TAIL:
s. Baja deshonorable del ejército. Camión de carga pequeño.

BODY:
s. Muchacha bien formada.

BODY AND SOUL:
s. Un amante.

BODY SNATCHER:
s. Un funerario.

BOFF:
v. Golpear. Golpe.

BOGIE:
s. Espanto. Avión enemigo.

BOGUS:
s. Falso. Artificial.

BOHUNK:
s. Persona del este de Europa. Persona torpe.

BOILED:
adj. Borracho.

BOILED SHIRT:
s. Presumido. Egoísta.

BOILER MAKER:
s. Whisky con cerveza.

BLOKE:
    s. Fulano.

BOLLIXED:
    adj. Confuso. Enredado.

BOLONEY:
    s. Tontería. Mentira.

BOMBER:
    s. Cigarro de mariguana.

BOMB SHELL:
    s. Muchacha espectacular.

BONE:
    s. Dólar de plata.

BONE:
    v. Estudiar toda la noche. Machetear. También *bone up*.

BONE BREAKER:
    s. Un doctor.

BONE HEAD:
    s. Un tonto. Un error.

BONE ORCHARD:
    s. Cementerio.

BONER:
    s. Error tonto.

BONES:
    s. Dados. Huesos musicales.

BONE SHAKER:
    s. Auto viejo tembloroso.

BONG:
    v. Sonar una campana. Golpear la cabeza.

BOOB:
    s. Persona tonta.

BOOBIES:
    s. Los senos.

BOO HOO:
    ex. Un lamento.

BOOBOOS:
    s. Los testículos.

BOOB TRAP:
    s. Club nocturno.

BOODLE:
 s. Dinero. Un lote entero.

BOOGIE WOOGIE:
 s. Tipo de jazz.

BOOK, TO:
 v. Dar entrada a la cárcel.

BOOKIE:
 s. Recogedor de apuestas.

BOOMER:
 s. Trabajador agrícola. Campesino.

BOONDOCKLE:
 s. El campo. La provincia. La jungla.

BOOST:
 v. Robar. Aumentar el precio.

BOOT:
 v. Patear. Echar fuera.

BOOT CAMP:
 s. Campo de entrenamiento (militar).

BOOTLEG:
 adj. Falso. Ilegal. Contrabandeado.

BOOZE:
 s. Bebidas malas.

BOOZE FIGHTER:
 s. Un alcohólico.

BOOSE HOUND:
 s. Un alcohólico.

BOP:
 v. Golpear con el puño cerrado.

BORDER:
 s. La frontera.

BOSH:
 s. Tontería.

BOSS:
 s. Jefe.

BOSSY:
 adj. Persona mandona.

BOTH HANDS:
 s. Número diez.

BOTTLE BABY:
s. Consentido.

BOTTLE CLUB:
s. Club privado.

BOTTOM:
s. Nalgas.

BOTTOM MAN:
s. Empleado nuevo.

BOTTOMS UP:
s. Brindis: "¡Vacíemos el vaso!"

BOUNCE:
v. Despedir. Correr. Saltar.

BOUNCER:
s. Cheque botador. Persona que expulsa a indeseables de una cantina.

BOWL:
s. Un estadio. Campeonato de futbol.

BOX:
s. Un ataúd. Instrumento de cuerdas.

BOXCAR: ·
s. En dados el doble 6. Zapatos muy grandes.

BOX OF TEETH:
s. Acordeón.

BOY FRIEND:
s. Novio.

BOYS UPTOWN:
s. Los políticos de la ciudad.

BOZO:
s. Fulano.

BRACE:
v. Disciplinar. Pedir limosna.

BRA:
s. Brassiere.

BRACELETS:
s. Esposas (de policía).

BRAIN:
s. Inteligente. Buen estudiante.

BRASS HAT:
s. Oficial militar. Ejecutivo.

BRASS TACKS:
s. Hechos fundamentales.
BRAWL:
s. Pleito. Baile. Fiesta.
BREAD:
s. Dinero.
BREADBASKET:
s. El estómago.
BREAK:
v. Domar. Conquistar. Arruinar.
BREAK IN:
v. Entrenar. Entrar ilegalmente. Estrenar.
BREAK THE ICE:
v. Lograr hacer algo por primera vez.
BREAK THE NEWS:
v. Dar las noticias repentinamente.
BREAK UP:
v. Pleito entre novios. Separación de esposos.
BREAK WIND:
v. Tirarse un pedo.
BREATHE EASILY:
Descansar de una preocupación.
BREEZE:
s. Trabajo fácil.
BREEZE IN:
v. Llegar inesperadamente.
BREEZE, TAKE A:
v. Escaparse.
BREEZY:
adj. Parlanchín. Agradable.
BREW:
s. Cerveza.
BRIAR:
s. Pipa (fumar). Segueta.
BRICK:
s. Flojo. Sin preocupación.
BRICK TOP:
adj. Pelirrojo(a).

BRIEFS:
    s. Ropa interior abreviada.

BRIG:
    s. La cárcel.

BRIGHT
    adj. Inteligente. Listo.

BRING DOWN THE HOUSE:
    v. Recibir una gran ovación.

BRING HOME THE BACON:
    v. Ganar la vida. Mantener la familia.

BRINY:
    s. El mar.

BROAD:
    s. Mujer. Prostituta.

BROKE:
    adj. Sin dinero. Quebrado.

BROMIDE:
    s. Un chiste.

BRONCO BUSTER:
    s. Vaquero.

BRONX CHEER:
    s. Un sonido muy despreciativo.

BROOM STICK:
    s. La esposa.

BROOM TAIL:
    s. Caballo corriente.

BROWNED OFF:
    adj. Enojado. Disgustado.

BRUISER:
    s. Hombre fuerte, tosco.

BRUNCH:
    s. Desayuno tardío. Combinación de "breakfast" y "lunch".

BRUSH OFF:
    v. Sacarle la vuelta. Ignorar. Despreciar.

BRUSH UP:
    v. Estudiar. Prepararse. Limpiarse.

B.S.:
    Gran mentira *(Bull shit)*

B.T.O. *(Big time operator):*
Persona audaz. Operador de grandes negocios.

BUBBLE DANCER:
s. Lavaplatos. Lavandera.

BUCK:
s. Un dólar.

BUCKET:
s. Auto. Barco. Excusado.

BUCKET OF BOLTS:
s. Carro viejo. Carcacha.

BUCKLE DOWN:
v. Ponerse a trabajar seriamente.

BUCK UP:
s. Animarse. Alegrarse.

BUD:
s. Hermano. También *buddy*.

BUDDY UP:
v. Compartir una habitación. Hacerse muy amigo de alguien.

BUFFALOED:
adj. Defraudado. Engañado.

BUFFALO HEAD:
s. Cinco céntimos de dólar.

BUG:
s. Un entusiasta o aficionado. Un defecto menor en equipo nuevo. Microbio. Micrófono oculto.

BUGGER:
s. Un mal amigo.

BUG HOUSE:
s. El manicomio.

BUG HUNTER:
s. Un entomólogo.

BUG JUICE:
s. Licor. Whisky barato.

BUILD UP:
s. Acumulación. Subir un negocio. Fortalecer.

BULGE:
Panza. Bola. Parte obesa.

BULL:
s. Tonería. Mentira. Exageración.

BULL DOG:
    adj. La edición de la mañana.
BULLDOZE:
    v. Asustar. Atemorizar.
BULLET BAIT:
    s. Soldados.
BULL HEAD:
    s. Persona terca.
BULL PEN:
    s. Celda para presos transitorios.
BULL SESSION:
    s. Junta para comadrear.
BULL'S EYE:
    s. El blanco. El objetivo.
BULLY:
    s. Persona que se aprovecha de gente más débil que él.
BULLY BOY!:
    ex. Aplauso: ¡Bravo!
BUM:
    s. Vago. Trampa. Persona sin importancia.
BUMP OFF:
    v. Matar. Asesinar.
BUM'S RUSH:
    s. Echar a alguien de un lugar por ser indeseable.
BUM STEER:
    s. Instrucciones o información falsa. Engaño.
BUN:
    s. Nalga. Desnudo.
BUNCH:
    s. Grupo. Racimo. Muchos.
BUNDLE
    s. Rollo de billetes.
BUNDLE UP:
    v. Acurrucarse. Abrigarse.
BUNK:
    s. Mentira. Falsedad. Litera.
BUNKIE:
    s. Compañero de habitación.

BUNNY:
    s. Persona confusa o perpleja.

BURG:
    s. Ciudad.

BURGLE:
    v. Robar una casa.

BURRIED:
    v. Encarcelado por vida.

BURN:
    v. Ejecutar en la silla eléctrica.

BURN UP:
    v. Enojarse. Enfurecerse.

BURNERD OUT:
    adj. Acabado. Cansado. Quemado.

BURN OVER:
    v. Pichear la bola rápidamente.

BURN THE ROAD:
    v. Manejar muy velozmente.

BURP:
    s. Eructo. Eructar.

BUS:
    s. Cualquier tipo de trasporte.

BUS BOY:
    s. Mozo. Mesero. Botones.

BUSH:
    s. La provincia. Barba.

BUSHED:
    adj. Cansadísimo.

BUSH LEAGUE:
    s. Liga menor.

BUSHWA:
    s. Plática. Exageraciones. Mentira.

BUSINESS, THE:
    s. Maltrato. Inyectar una droga. Muerte por castigo.

BUSINESS END:
    s. La parte seria.

BUST:
    s. Fracaso. Senos. Ser expulsado.

BUST A GUT:
> *v.* Usar todos los medios.

BUST OUT:
> *v.* Escaparse. Ser reprobado.

BUTCH:
> *s.* Hombre rústico. Barbero. Carnicero.

BUTCHER:
> *s.* Doctor cirujano.

BUTCHER SHOP:
> *s.* Hospital.

BUTCHER WAGON:
> *s.* Ambulancia.

BUTTER BALL:
> *s.* Persona gorda.

BUTTER FINGERS:
> *s.* Persona torpe.

BUTTERFLIES:
> *s.* Estómago nervioso o revuelto.

BUTTERFLY KISS:
> *s.* Acariciar con las pestañas.

BUTTER UP:
> *v.* Adular. Echar flores.

BUTT IN:
> *v.* Interrumpir. Interferir.

BUTTINSKY:
> *s.* Uno que siempre interrumpe.

BUTTON DOWN:
> *v.* Terminar. Cerrar el negocio. Callarse.

BUY IT:
> *v.* Estar de acuerdo. Creerlo. Aceptarlo.

BUZZ:
> *s.* Llamada telefónica. Un beso. Una excitación.

BUZZARD:
> *s.* Persona repugnante.

BYE BYE:
> *ex.* Adiós.

BYWAY:
> *s.* Banqueta. Camino. Vereda.

C

C.:
>Billete de a cien. Cocaína.

CAB:
>*s.* Taxi. Cabina.

CABBAGE:
>*s.* Dinero. Billetes.

CABOODLE, ALL THE:
>*s.* En totalidad.

CAD:
>*s.* Pillo. Cadillac. Caddy.

CADDY:
>*s.* Cadillac.

CAGEY:
>*adj.* Listo. Desconfiado. Astuto.

CAKE CUTTER:
>*s.* Ladrón.

CAKE EATER:
>*s.* Galán. Favorito de las damas.

CALABOOSE:
>*s.* La cárcel. La prisión.

CALF SLOBBER:
>*s.* Merengue. Shampú.

CALL:
>*s.* Llamada telefónica. Deseo de ir al excusado.

CALL BACK:
>*v.* Devolver una llamada.

CALL GIRL:
>*s.* Prostituta que se puede llamar por teléfono o se puede conseguir a través de los mozos de un hotel.

CALL HOUSE:
>*s.* Burdel.

CALL IT QUITS:
>*ex.* "Déjalo así".

CAMPUS:
>*s.* El campo o área de una universidad.

CAN:
>*s.* Excusado. W.C. Baño. Nalgas.

CAN:
v. Despedir a un empleado.

CANDY:
s. Cocaína. Vestido atrevido.

CANNED:
adj. Despedido. Enlatado.

CANNON:
s. Pistola.

CANNON BALL:
s. Tren o autobús express.

CANNON FODDER:
s. Los soldados.

CAN OPENER:
s. Herramienta de ladrón.

CANTALOUPE:
s. Beisbol.

CAP:
s. Capitán. Cápsula. Corona dental.

CAPER:
s. Aventura. Hazaña atrevida.

CAPON:
s. Hombre afeminado.

CARD:
s. Persona excepcional. Tahúr.

CAR HOP:
s. Mesera que sirve en el automóvil.

CARNY:
s. Carnaval. Carnavalero.

CARROT TOP:
s. Pelirrojo(a).

CARRY A LOAD:
v. Estar ebrio.

CARRY THE LOAD.
v. Ser responsable.

CARRY THE TORCH:
v. Estar dolorosamente enamorado, y sin ser correspondido.

CARVE:
v. Apuñalar.

CASANOVA:
Un galán.

CASE:
v. Explorar un lugar antes de robarlo.

CASE:
s. Una persona rara. Un evento raro.

CASH IN:
v. Liquidar las fichas (casino) o la inversión. Hacer una utilidad excepcional.

CAT:
s. Mujer vengativa. Amante de música moderna. Tractor *Caterpilar.*

CATCH:
Persona muy deseable para el matrimonio. Entender.

CATCH IT:
ex. Recibir un regaño.

CATHOLIC:
s. Un carterista.

CAT HOUSE:
s. Burdel. Tipo de jazz.

CAT OUT OF THE BAG:
s. Descubrir un secreto.

CAVE:
s. Una habitación triste.

CAYUSE:
s. Caballo.

CEMENT MIXER:
s. Movimiento excitante de las caderas.

CENTURY:
s. Billete de 100 dólares.

CHAIN GANG:
s. Trabajador presidiario encadenado con otros. Cualquier grupo de trabajadores que son explotados.

CHAIN SMOKE:
v. Fumar en serie.

CHAIR WARMER:
Persona sin responsabilidad, o que cobra sueldo sin trabajar.

CHALK UP:
v. Tomar nota. Acreditar.

CHANGE (ONE'S) LUCK:
    v. Cambiarle la suerte.

CHANNEL:
    s. La vena en la cual se inyecta el narcótico.

CHAP:
    s. Fulano.

CHAPTER:
    s. Un inning (beisbol). Episodio.

CHAPTER AND VERSE:
    s. Reglas y restricciones. Reglamentos.

CHARACTER:
    s. Persona excéntrica o rara.

CHARGE:
    s. Inyección de narcótico. Una emoción.

CHARIOT:
    s. Un auto. Un tren.

CHARLEY HORSE:
    Un calambre.

CHASE:
    s. Buscar novio. Perseguir.

CHASE YOURSELF!:
    ex. ¡Lárguese! No moleste.

CHASSIS:
    s. El cuerpo de una chica.

CHATTERBOX:
    s. Hablador(a). Ametralladora.

CHAW:
    v. Masticar. Comer. Un bocado.

CHEAP:
    adj. Tacaño. Corriente. De mala reputación.

CHEAT:
    v. Ser infiel. Defraudar.

CHEATERS:
    s. Anteojos.

CHECK:
    v. Revisar. Comprobar.

CHECKERBOARD:
    s. Blancos y negros. Una ciudad.

CHEEK:
s. Imprudencia. Audacia.

CHEERS:
ex. ¡Salud! ¡Viva!

CHEESE:
s. Dinero. Mentira. Algo importante.

CHEESE CAKE:
s. Fotos que muestran mucha pierna o mucho busto.

CHEESE IT!:
ex. ¡Váyase!

CHEESY:
adj. Corriente. De mal gusto.

CHERRY:
s. El himeneo. Signo de virginidad.

CHEW IT OVER:
v. Discutirlo.

CHEW THE EAR OFF:
v. Regañar severamente.

CHEW GUM:
v. Conversar de tonterías.

CHEW THE FAT:
v. Comadrear. Platicar.

CHICAGO PINEAPPLE:
s. Bomba. Granada.

CHI CHI:
adj. De moda. Chic. Elegante.

CHICK:
s. Una chica atractiva.

CHICKEN FEED:
s. Cambio. Feria. Morralla.

CHICKEN HEART:
s. Cobarde. Tímido.

CHICKEN OUT:
v. Desertar por miedo.

CHICK SALE:
s. Excusado. Baño.

CHIEF:
s. El jefe.

CHILL:
s. Emoción. Despreciar. Matar.
CHILLER DILLER:
s. Espectáculo de suspenso.
CHIME IN:
v. Interrumpir. Agregar algo a la conversación.
CHIN:
v. Conversar.
CHINA:
s. Los dientes.
CHINA CLIPPER:
s. Lavaplatos.
CHINAMAN'S CHANCE:
s. Muy improbable.
CHIN FEST:
s. Sesión de comadreo.
CHINO:
s. Tela de algodón. Mezclilla.
CHIP:
s. Dinero.
CHIP IN:
v. Cuando cada uno paga su parte de la cuenta.
CHIPPIE:
s. Prostituta. Chica delincuente.
CHIPS ARE DOWN:
ex. Es la última oportunidad.
CHIRP:
v. Cantar.
CHISEL:
v. Defraudar. Tomar ventaja.
CHOP CHOP:
ex. ¡Apresúrate!
CHOPPER:
s. Autogiro. Ametralladora.
CHOW:
s. Comida.
CHOW HOUND:
s. Persona hartona.

CHOW LINE:
    s. Cola para comer.

CHROMOSOME:
    s. Persona insignificante.

CHUCK:
    s. Comida.

CHUCK:
    v. Abandonar. Deshacerse de algo.

CHUM:
    s. Amigo íntimo.

CHUMP:
    s. Un tonto.

CINCH:
    s. Cosa segura.

CINDER:
    s. Ferrocarrilero. Pista de carreras.

CIRCUS:
    s. Espectáculo vulgar.

CITY SLICKER:
    s. Un mañoso de la ciudad.

CIVVIES:
    s. Ropa de civil.

CLAM:
    s. Un dólar. Rehusarse a hablar.

CLAMBAKE:
    s. Día de campo.

CLAMP DOWN:
    v. Poner en vigor. Exigir.

CLAPTRAP:
    s. Tonterías. Exageraciones.

CLARET:
    s. Sangre.

CLASS:
    adj. Digno. Lujoso. Elegante.

CLAW:
    v. Arañar. Arrestar.

CLAY PIGEON:
    s. Víctima. Persona vulnerable.

CLEAN:
    adj. Inocente. Sin armas. Sin dinero.
CLEAN OUT:
    v. Hacer limpia. Ganar todo el dinero.
CLEAN UP:
    v. Hacer grandes ganancias. Una redada de la policía.
CLEAR SALLING:
    adj. Fácil de ejecutar. Todo va bien.
CLICK:
    v. Tener éxito. Tener aceptación.
CLIMB:
    v. Aspirar a la alta sociedad.
CLINCH:
    s. Un abrazo. Asegurar algo.
CLOCK WATCHER:
    s. Trabajador ansioso de salir.
CLODHOPPER:
    s. Zapato rústico de trabajo.
CLONK:
    v. Golpear en la cabeza.
CLOSE:
    adj. Íntimo. Sofocado.
CLOSED:
    adj. Cerrado. Monopolio.
CLOSE SHAVE:
    Apenas lograr escaparse.
CLOSE UP:
    s. Foto tomada de cerca.
CLOTHES HORSE:
    s. Persona elegante. Persona amante de buena ropa.
CLOTHES LINE:
    s. Problemas familiares.
CLOUD BUSTER:
    s. Rascacielos.
CLOVER:
    s. Dinero.
CLOWN:
    v. Juguetear. Vacilar.

CLOWN:
  s. Un tonto.

CLUBHOUSE LAWYER:
  s. Uno que da sus opiniones a todo el mundo.

CLUCK:
  s. Un tonto.

CLUE:
  s. Novedad. Secreto.

CLUNK:
  s. Golpear. Persona tonta.

CLUTCH:
  s. Un abrazo. Una jugada difícil, decisiva.

C-NOTE:
  s. Billete de 100 dólares.

COAL POT:
  s. Estufa. Pipa (fumar).

COAST:
  s. California.

COCK AND BULL STORY:
  s. Cuento muy exagerado.

COCK-EYED:
  adj. Borracho. Confuso.

COCKROACH:
  s. Persona mediocre.

COCO:
  s. La cabeza.

CO-ED:
  s. Estudiante femenino en una escuela mixta.

COFFEE AND CAKES:
  s. Un sueldo bajo.

COFFEE BREAK:
  s. Descanso para beber café.

COFFEE GRINDER:
  s. Una desnudista.

COFFIN:
  s. Caja fuerte. Tanque.

COFFIN CORNER:
  s. Las esquinas de la pista de futbol americano.

COFFIN NAIL:
s. Cigarro.

COKE:
s. Cocaína. Coca-Cola.

COKED UP:
s. Dosificado con cocaína.

COLD:
adj. Básico. Muerto. Definitivo.

COLD BISCUIT:
s. Muchacha fea.

COLDCOCK:
s. Golpe inesperado que deja a uno inconsciente.

COLD DECK:
s. Baraja marcada.

COLD FEET:
s. Miedo. Perder valor.

COLD FISH:
s. Persona sin emociones.

COLD MEAT:
s. Un cadáver.

COLD SHOULDER:
Despreciar. Ignorar.

COLD STORAGE:
s. El sepulcro.

COLLATERAL:
s. Dinero.

COLOR BLIND:
adj. El que no distingue su dinero del de otros. Ladrón.
Persona a quien le gustan personas de color.

COMBO:
s. Una combinación. Un grupo.

COME ACROSS:
v. Pagar lo que se debe.

COME APART:
v. Deshacerse. Confundirse. Perder confianza.

COME AROUND:
v. Llegar a un acuerdo.

COMEBACK:
v. Recuperarse. Reponerse.

COME CLEAN:
   v. Decir la verdad. Confesar.

COMEDOWN:
   v. Bajar. Perder su posición social o moralmente.

COME OFF IT:
   v. Desistir. Parar.

COME OFF:
   v. Llevar algo a cabo. Terminar una tarea con éxito.

COME ON:
   s. Una invitación. Un desafío. Una atracción.

COME THROUGH:
   v. Confesar. Pagar. Llevar a cabo.

COMMIE:
   s. Comunista.

COMMER:
   s. Persona que está progresando.

COMPANY MAN:
   s. Empleado de confianza.

CONEY ISLAND:
   s. Puesto de hot dogs.

CONFAB:
   s. Una plática. Una discusión.

CON GAME:
   s. Un fraude elegante.

CONK:
   s., v. La cabeza. Golpear la cabeza.

CONNECTION:
   s. Vendedor de drogas. Red de manejadores de drogas.

CONTACT:
   v., s. Ponerse en contacto. Persona que mantiene comunicación con y entre otras personas.

COOCH:
   s. Bailarina corriente.

COO-COO:
   s. Persona loca.

COOK UP:
   v. Idear. Inventar. Planear.

COOKIE PUSHER:
   s. Aspirante a la alta sociedad.

COOK'S TOUR:
   s. Un viaje largo.

COOL:
   v. Asesinar. Esperar calmadamente.

COOL:
   adj. Calmado. Atrevido. Excelente.

COOLER:
   s. La cárcel.

COOL IT DOWN:
   v. Calmarse. Tomarlo con calma.

COOL OFF:
   v. Calmarse.

COON:
   s. Persona de color.

COOP:
   s. Cooperativa. Escondite. Habitación pobre.

COOT:
   s. Piojo. Fulano. Tonto.

COP:
   s. Policía.

COP:
   v. Conseguir. Robar.

COPY CAT:
   s. Imitador. Copiador.

CORKER:
   s. Algo especial o excepcional.

CORN:
   s. Whisky. Algo pasado de moda.

CORNY:
   adj. Aburrido. Sin interés.

CORN WILLIE:
   s. Carne enlatada.

CORRAL:
   v. Encorralar. Capturar.

COSMO:
   s. Estudiante.

COTTON PICKING:
   adj. Vulgar. Barato.

COUNT DOWN:
v. Contar los segundos inversamente para llegar al momento de disparo.

COVER:
s., v. Protección. Proteger.

COW:
s. Leche. Carne.

COW COLLEGE:
s. Universidad muy pequeña.

COWPOKE:
s. Vaquero.

CRAB:
s. Un malhumorado. Piojo.

CRAB:
v. Quejarse. Lamentar.

CRACK:
v. Forzar la entrada. Abrir una caja fuerte. Resolver un problema. Volverse loco.

CRACK DOWN:
v. Censurar. Castigar. Obligar. Forzar.

CRACK UP:
v. Estrellarse. Averiarse. Chocar. Volverse loco.

CRADLE SNATCHER:
s. Amante de niñas menores de edad.

CRAM:
v. Machetear. Estudiar muy intensivamente para un examen.

CRAMP (ONE'S) STYLE:
v. Impedir. Superar. Desanimar.

CRAPE HANGER:
s. Persona pesimista.

CRAP OUT:
v. Perder la apuesta (dados).

CRASH:
s. Choque. Golpe. Estrellarse.

CRASH COURSE:
s. Curso intensivo.

CRASH PROJECT:
s. Proyecto para resolver una emergencia.

CRASH WAGON:
s. Ambulancia.

CRATE:
s. Auto viejo. Ataúd.

CRAWFISH:
v. Recular. Hacerse para atrás.

CRAWL:
v. Un baile. Un sistema de nadar.

CREAM:
v. Defraudar.

CREAM PUFF:
s. Un afeminado.

CREAM UP:
v. Adular. Terminar.

CREEP:
s. Persona que asusta.

CREEPS, THE:
s. Miedo. Terror.

CREW CUT:
s. Corte de pelo muy corto.

CRIB:
v. Hacer trampa en los exámenes.

CROAK:
v. Morir. Matar.

CROCK:
s. Botella. Persona odiada.

CROCKERY:
s. Los dientes.

CROOK:
s. Ladrón. Pillo.

CROOKED:
adj. Chueco. Sin honradez.

CROSS MY HEART:
ex. Lo juro.

CROSS THE PALM:
v. Pagar. Sobornar.

CROSS UP:
v. Traicionar. Engañar.

CROWN:
v. Golpear en la cabeza.

CRUD:
s. Algo repugnante. Mierda.

CRUMB:
Persona insignificante.

CRUMP OUT:
v. Perder el sentido.

CRUSH:
s. Una infatuación.

CRUST:
s. Audacia. Falta de vergüenza.

CRY BABY:
s. Persona llorona.

CRYING JAG:
s. Periodo de llanto.

CRYING TOWEL:
s. Ánimo para persona triste.

CUB:
s. Persona sin experiencia.

CUCOO:
adj. Loco. Tonto.

CUDDLE BUNNY:
s. Muchacha fácil.

CUE BALL:
s. Persona excéntrica.

CUFF, ON THE:
adj. A crédito. Préstamo.

CUP OF TEA:
s. Algo que agrada.

CURBSTONE LAWYER:
s. Abogado sin despacho. Persona que siempre está dando consejos legales.

CURDLE:
v. Ofender. Echar a perder.

CURE:
s. Curar el hábito de narcóticos.

CURTAINS:
s. La muerte. El fin.

CUSH:
   s. Billetera robada. Satisfacción sexual.
CUSHION:
   s. Base (beisbol). Dinero ahorrado.
CUSTOMER:
   s. Persona respetable.
CUT:
   v., s. Faltar a clases. Compartir utilidades o botín. Despreciar.
   Parar. Acuchillar. Repartición.
CUT AND DRIED:
   adj. Sin novedad. Algo rutinario.
CUT A RUG:
   v. Bailar furiosamente.
CUTBACK:
   s. Reducción de personal. Reducción de gastos. Reducción.
CUTE:
   adj. Bonito. Atractivo.
CUTIE:
   s. Chica atractiva.
CUT IN:
   v. Interrumpir.
CUT IT OUT!:
   ex. ¡Pare! Desistir.
CUTS NO ICE:
   ex. No tiene importancia.
CUT OFF THE WATER:
   v. Parar en seco.
CUT OUT:
   . Eliminar. Salirse. Parar.
CUT RATE:
   adj. A precio rebajado.
CUT UP:
   v. Dividir ganancias. Portarse muy alegre. Hacer un mitote.

D

D.A.
   Fiscal.
DADDY:
   s. Papacito. Amante.

DAFFY:
  adj. Loco.
DAFFY FOR:
  adj. Enamorado de.
DAGO:
  s. Italiano.
DAGO RED:
  s. Vino colorado.
DAGWOOD:
  s. Sandwich gigante.
DAISY:
  adj. Excelente. Admirable.
DAMAGED GOODS:
  Mercancía dañada. Chica que perdió la virginidad.
DAME:
  s. Mujer. Muchacha *(despreciativo)*.
DAMN:
  ex. ¡Condenado! (La expresión de profanamiento ligero más popular en Estados Unidos).
DAMPER:
  s. Algo que desanima o apaga.
DANCE:
  v. Hacer lo que otro ordena.
DANCE ON AIR:
  v. Morir colgado.
D and D *(Drunk and Disorderly):*
  Borracho y escandaloso.
DANDY:
  adj. Excelente. Hombre elegante.
DARK:
  adj. Cerrado.
DATE:
  s. Cita de novios.
DAYLIGHT:
  s. Entendimiento. Comprender.
DEAD:
  adj. Fuera de servicio. Aburrido.
DEADBEAT:
  s. Estafador. Mala paga.

DEAD BROKE:
adj. Sin un centavo.

DEAD DUCK:
s. Condenado a fracasar o a morir.

DEAD HEAD:
s. Pasajero que no paga. Vehículo sin pasajeros. Persona tonta.

DEAD HEAT:
s. Un empate.

DEAD PAN:
s. Cara inexpresiva o tiesa.

DEARY:
s. Querido(a).

DEAR JOHN:
s. Carta que rompe el compromiso. Carta que pide el divorcio.

DEB:
s. Debutante. Muchacha pandillera.

DEBUNK:
v. Aclarar una mentira.

DECK:
s. Paquete de naipes o de narcóticos.

DECODE:
v. Explicar. Informar.

D.J. *(Disc Jockey):*
s. Locutor que toca discos en la radio.

DELICATESSEN:
s. Carnes frías. Lugar que vende comida preparada.

DELISH:
adj. Delicioso.

DEN:
s. Casita. Departamento. Estudio.

DERRIERE:
s. Nalga. Trasero.

DESK JOCKEY:
s. Oficinista.

DESPERADO:
s. Bandido.

DEUCE:
s. El dos (baraja). Un par.

DEVIL MAY CARE:
adj. Sin preocupación.

DEXIE:
s. Pastillas excitantes.

DIAMONDS:
s. Testículos.

DIBS:
s. Pequeña cantidad de dinero.

DIBS ON:
ex. ¡Es mío!

DICK:
s. Detective. Policía secreto. El pene.

DIDDLE:
v. El acto sexual. Flojear.

DIDIE:
s. Pañal. Panty.

DIDO:
s. Una queja.

DIE:
v. Quedar plantado. Fracasar. Quedarse en base (beisbol).

DIG:
s. Un insulto. Un escondite.

DIG:
v. ¿Entiendes? Comprender. Estar de acuerdo.

DIG DIRT:
v. Chismear.

DIGGER:
s. Un amigo.

DIG UP:
v. Encontrar. Descubrir.

DILDO:
El pene. Un pene artificial. Un tonto.

DILLY:
s. Muchacha bonita. Algo excepcional.

DILLY-DALLY:
v. Flojear. Vacilar.

DIM:
   s. La noche. Nocturno.

DIME A DOZEN:
   adj. Barato. De sobra.

DIME NOTE:
   s. Billete de a diez.

DIME STORE:
   s. Tienda de cinco y diez.

DIMMER:
   s. Luz eléctrica.

DIM VIEW:
   s. Opinión desfavorable.

DIM WIT:
   s. Tonto.

DING:
   v. Pedir limosna. Eliminar.

DINGBAT:
   s. Cualquier cosa. Vago.

DING DONG:
   adj. Con entusiasmo. Furioso.

DINGEY:
   adj. Sucio. De mala calidad.

DINGY:
   s. Tren o bote pequeño.

DING:
   ex. ¡Muy bien!

DINGUS:
   s. Cosa. Órgano sexual.

DINKY:
   adj. Pequeño. Barato.

DIP:
   s. Un robabolsas, o carterista.

DIPPY:
   s. Loco.

DIPSO:
   s. Borracho. Alcohólico.

DIP THE BILL:
   v. Beber.

DIRT:
　　s. Chisme. Obscenidad. Escándalo.

DIRTY:
　　adj. De mal guto. Radioactivo.

DIRTY LINEN:
　　s. Ropa sucia. Los escándalos ocultos de una familia.

DIRTY WORK:
　　s. Acto deshonrado o sin ética.

DISC:
　　s. Disco musical.

DISC JOCKEY:
　　s. Locutor que toca discos.

DISH:
　　s. Muchacha bonita. El "home" de beisbol.

DISH OUT:
　　v. Repartir. Regalar. Devolver golpes o insultos.

DISH OF TEA:
　　s. Cosa preferida.

DIVE:
　　s. Cantinucha. Lugar de mala fama. Un knock-out (box).

DIVVY:
　　s. Dividir. Dividendo.

DIX:
　　s. Diez dólares. Música jazz del sur de Estados Unidos.

DIZZY:
　　adj. Tonto. Confuso.

D.O.A. (Dead on Arrival):
　　Persona que llegó muerto al hospital.

DOC:
　　s. Doctor. Fulano. Persona inteligente.

DOCK:
　　v. Castigar. Descontar del sueldo.

DOCK RAT:
　　s. Una trampa. Vago que vive en los muelles.

DOCTOR:
　　v. Narcotizar caballos de carreras. Adulterar. Hacer más
　　potente.

DODO:
　　s. Tonto. Aprendiz.

DOE:
> s. Mujer sola en un baile o en una barra.

DO-FUNNY:
> s. Cualquier cosa.

DOG:
> s. Hot dog. Algo inferior. Un novato. Los pies. Una muchacha fea.

DOGGONE!:
> ex. ¡Caray!

DOGHOUSE. IN THE:
> adv. Estar en la casa de perros. Cuando la esposa tiene castigado al esposo.

DOG TAGS:
> s. Disco o medalla de identificación.

DO IN:
> v. Matar. Eliminar. Terminar con.

DOKUS:
> s. Nalgas. Trasero.

DOLL:
> s. Chica bonita.

DOLLFACE:
> s. Joven afeminado. Carita.

DOLL UP:
> v. Vestirse elegantemente.

DOME:
> s. La cabeza.

DONE IN:
> adj. Cansado. Fatigado.

DONNIKER:
> s. El excusado.

DOODAD:
> s. Cualquier cosa.

DOODLE:
> v. Hacer garabatos mientras espera.

DOOHICKEY:
> s. Verruga. Grano. Cualquier cosa.

DOOJIGGER:
> s. Cosa. Aparato. Máquina.

DOPE:
s. Narcótico. Un tonto. Información. Laca.

DORM:
s. Dormitorio.

DOSE:
s. Infección con enfermedad venérea. Una porción. Una inyección de narcótico.

DOT:
s. Punto. En punto.

DO TIME:
v. Purgar una condena.

DO DIRT:
v. Hacer daño.

DOUBLE:
s. Persona idéntica.

DOUBLE BACK:
v. Regresar.

DOUBLE TIME:
s. Paso redoblado.

DOUBLE TIME:
v. Serle infiel al esposo(a).

DOUBLE CROSS:
v. Traicionar.

DOUBLE DEAL:
Negocio chueco.

DOUBLE DECKER:
adj. De dos pisos.

DOUBLE GAITED:
adj. Bisexual.

DOUBLE HEADER:
s. Función con dos variedades. Dos juegos.

DOUBLE TAKE:
s. La segunda mirada.

DOUBLE TROUBLE:
s. Dificultades muy serias.

DOUBLE X:
s. Traición.

DOUGH:
s. Dinero.

DOUGH HEAD:
   s. Tonto.

DO IT UP BROWN:
   v. Hacerlo muy bien.

DOWDY:
   adj. De mal aspecto. Mal vestido.

DOWN:
   v. Vencer. Beber. Sufrir.

DOWN AND DIRTY:
   adj. Fraudulento.

DOWN AND OUT:
   adj. Sin dinero.

DOWN HILL:
   adv. Cuesta abajo. Fácil.

DOWN THE HATCH:
   ex. Brindis pidiendo que se beba toda la copa de un golpe.

DOWN THE LINE:
   s. El distrito de burdeles. La zona roja.

DOVE:
   s. Querido. Cariño. También Dovey.

DRAFTEE:
   s. Conscripto.

DRAG:
   s. Calle. Inhalación del humo de un cigarro. Un baile. Algo
   aburrido. Fiesta de homosexuales.

DRAG (ONE'S) FREIGHT:
   v. Fugarse.

DRAG OUT:
   v. Alargar un acto. Aburrir.

DRAP:
   s. Falda. Vestido exagerado.

DRAPE:
   s. Traje moderno o exagerado.

DRAW A BLANK:
   s. Sacar o ganar nada.

DRAW ONE:
   v. Servir un vaso de cerveza.

DREAM BAIT:
   s. Persona soñable.

DREAM STICK:
 s. Píldora de opio.

DREAM UP:
 v. Inventar. Idear.

DRESS:
 v. Pulir. Mejorar.

DRESSING DOWN:
 s. Un regaño fuerte.

DRIFT:
 v. Vagabundear. Flotar sin timón.

DRILL:
 v. Balancear. Penetrar. Barrenar.

DRINK:
 s. El océano.

DRIP:
 s. Palabras dulces. Halago.

DRIVE:
 s. Excitación. Empuje.

DRIVE-IN:
 s. Restaurante con servicio en el auto.

DROOL:
 v. Babosear. Querer algo tanto que se cae la baba.

DROOP:
 s. Persona aburrida o desinteresada.

DROPPED, TO BE:
 v. Ser aprendido por la policía. Ser balaceado.

DROP:
 v. Perder.

DROP DEAD:
 ex. ¡Váyase al demonio!

DROP IN:
 s., v. Lugar popular. Caerle o visitar a alguien inesperadamente.

DROPOUT:
 s. Desertor. Estudiante que se sale de la escuela.

DROP THE BOOM:
 v. Cancelar el crédito. Exigir pago. Regañar severamente.

DROWN:
 v. Emborracharse.

DRUG:
s. Narcótico.

DRUG ON THE MARKET:
Algo incosteable. Artículo que no tiene demanda.

DRUGSTORE COWBOY:
s. Vago. Callejero. Joven que no trabaja.

DRUM:
v. Vender. Convencer. Persistir.

DRUNK:
adj. Borracho.

DRY:
adj. Contra bebidas alcohólicas.

DRYGULCH:
v. Matar por la espalda.

DRY RUN:
s. Ensayo.

D.T.:
s. Delirium tremens. Borracho que ve elefantes y arañas en su cuarto.

DUTCHESS:
s. Muchacha orgullosa, vanidosa.

DUCKY:
adj. Bueno. Atractivo. Deseable.

DUCK SOUP:
s. Algo fácil.

DUD:
s. Bala o bomba que no explotó. Un fracaso.

DUDE:
s. Hombre elegante.

DUDS:
s. Ropa.

DUFF:
s. Las nalgas. La vagina.

DUGOUT:
s. Refrigerador con comida.

DUKE:
s. La mano. Meter la mano en la caja de dinero.

DUMB:
adj. Tonto. También Dummy.

DUMP:
> s. Habitación fea o barata. Cantinucha. Cabaret de mala fama.

DUNK:
> v. Sopear pan en el café. Meter a alguien en el agua.

DUST:
> s. Tabaco. El suelo. Un picheo cerca de la cabeza.

DUST OFF:
> v. Golpear. Sacudir. Bala o golpe que pasa muy cerca.

DUTCH:
> v. Cada uno paga su cuenta.

DUTCH TREAT:
> s. Invitación donde cada uno paga su cuenta.

DUTCH UNCLE:
> s. El tío rico.

DYNAMITE:
> s. Narcótico. Peligro.

E

EAGER BEAVER:
> Persona demasiado ambiciosa.

EAGLE EYE:
> s. Persona muy observadora.

EAR BENDER:
> s. Persona demasiado habladora.

EARLY BRIGHT:
> s. La madrugada.

EASY AS PIE:
> adj. Muy fácil.

EASY MARK:
> s. Persona fácil de convencer o de defraudar.

EASY STREET:
> s. Punto de riqueza o de ser independiente.

EAT UP:
> v. Aceptar algo entusiásticamente.

ECHO:
> s. Persona que sigue o imita a otro.

EDGE:
s. Ventaja ligera. Borrachera ligera. Estar muy cerca de lograr algo.

EEL:
s. Persona mañosa.

EGG:
s. Fulano. Bomba aérea.

EGG BEATER:
s. Avión. Helicóptero.

EGG CRATE:
Un auto viejo.

EGG HEAD:
s. Persona científica o técnica.

EIGHT BALL:
s., v. Persona conformista. Un aburrido. Meterse en dificultades.

EIGHTY EIGHT:
s. Un piano.

EIGHTY SIX:
s. Nada. No hay.

ELBOW:
v. Congeniar. Beber. Arrimarse a la barra.

ELBOW GREASE:
s. Trabajo duro.

ELEVATE:
v. Robar con arma. Emborracharse.

ENBALMED:
adj. Borracho.

ENBALMING FLUID:
s. Licor o café malo.

EMCEE:
s. Animador. Maestro de ceremonias.

END:
s. El fin. Lo mejor.

ENGLISH:
s. Técnica aplicada a bola de billar o boliche para controlar su curso.

EQUALIZER:
s. Pistola.

EVEN STEVEN:
adj. A mano. Igual. Justo.

EVIL EYE:
s. Hechizar. Traer mala suerte.

EXAM:
s. Examen.

EXCESS BAGGAGE:
s. Algo innecesario o inútil.

EXEC.:
s. Ejecutivo. Oficial.

EXTRA:
s. Artista con papeles menores.

EXTRACURRICULAR ACTIVITY:
s. Parranda. Romance fuera de la propia casa.

EYE:
s. Detective. Observar.

EYEWASH:
s. Adulación. Hacer la barba.

F

FADE:
v. Escaparse. Acabarse. Terminarse.

FADE AWAY:
v. Desaparecer.

FAG:
s. Homosexual. Cigarro. Afeminado.

FAGIN:
s. Un criminal muy diestro.

FAIR HAIRED BOY:
s. Consentido. Favorito.

FAIR SHAKE:
s. Arreglo justo.

FAIRY:
s. Homosexual.

FAIRY LADY:
s. Lesbiana.

FAKE:
s. Engañar. Improvisar. Pretender. Imitación.

FALL:
> v. Ser arrestado. Enamorarse.

FALL APART:
> v. Perder confianza.

FALL DOWN:
> v. Fracasar. Caer.

FALL FOR:
> v. Enamorarse de. Creerse de.

FALL GUY:
> s. El que se culpa por los crímenes de otro.

FALL MONEY:
> s. Dinero para contingencias.

FALL OFF:
> v. Caer. Disminuir.

FALSIES:
> s. Senos falsos.

FANCY DAN:
> s. Un donjuán. Un boxeador sin punch.

FANDANGLE:
> s. Un ornamento. Una carnada.

FANNY:
> s. Nalgas.

FAN THE BREEZE:
> v. Platicar. Comadrear.

FAN:
> s. Entusiasta. Aficionado.

FAN:
> v. Ponchar al bateador. Registrar buscando armas.

FAR OUT:
> adj. Sin comparación. Tipo de música moderna. Fuera de la realidad.

FASHION PLATE:
> s. Persona elegante.

FAST BUCK:
> s. Dinero fácil.

FAST ONE:
> s .Truco. Engaño. Estafa.

FAST TALK:
> s. Palabras convencedoras.

FAST WOMAN:
s. Prostituta.

FAT CHANCE:
s. Poca oportunidad.

FAT CAT:
s. El que respalda a un político con dinero.

FATHEAD:
s. Tonto.

FATS:
s. Gordo.

FAUST:
s. Feo.

FEATHER BED:
v. Inventar trabajo.

FEATHER MERCHANT:
s. Civil que goza de las mujeres mientras otros están en la guerra.

FEATHER THE NEST:
v. Ganar dinero. Adquirir bienes.

FEATURE:
s. Enfatizar. Comprender.

FED:
s. Oficial federal.

FEED:
s. Comida. Alimentar.

FEED OFF:
adj. Triste. Enfermo.

FEEDBAG:
v., s. Comida. Comer.

FEED THE KITTY:
s. Contribuir a la alcancía.

FEEL NO PAIN:
v. Estar inconscientemente ebrio.

FEEL OUT:
v. Investigar. Informarse.

FEET FIRST:
adj. Muerto.

FELLOW TRAVELER:
s. Compañero. Camarada.

FEM:
s. *Mujer*. También *Femme*.
FENAGLE:
v. Obtener algo con mañas.
FENCE:
s. Vendedor de cosas robadas.
FETCHING:
adj. Atractivo. Agradable.
FIEND:
s. Obsesionado.
FIERCE:
adj. Horrible. Feroz.
FIFTY SIX:
s. Los días de descanso.
FIGURE:
v. Planear. Calcular. Solucionar.
FILE SEVENTEEN:
s. El cesto de la basura.
FILL IN:
v. Informar. Explicar.
FILLING STATION:
s. Gasolinera.
FILLY:
s. Chica.
FILTHY RICH:
adj. Demasiado rico.
FIN:
s. Cinco dólares.
FIND OUT:
v. Descubrir. Informarse.
FINAGLE:
v. Obtener algo con mañas.
FINEST:
s. La policía de Nueva York.
FINGER:
v. Traicionar. Señalar. Soplar.
FINISHER:
s. Un nocaut *(boxeo)*.

FINK:
   s. Quiebrahuelgas. Detective. Persona indeseable.

FIRE:
   v. Despedir. Cesar. Disparar.

FIRE BALL:
   s. Persona ambiciosa con mucha energía.

FIREBUG:
   s. Quemacasas. Piromaniático.

FIRED UP:
   adj. Excitado. Enojado.

FIRE EATER:
   s. Bombero.

FIREMAN:
   s. Pícher de relevo. Uno que maneja con demasiada velocidad.

FIRE STICK:
   s. Arma. Pistola. Rifle.

FIRE UP:
   v. Preparar. Poner en marcha.

FIRE WATER:
   s. Licor.

FIREWORKS:
   adj. Emocionante. Espectacular.

FIRST OFF:
   adv. Desde el principio.

FIRST RATE:
   adj. De primera calidad.

FISH:
   s. Novato. Católico. Un dólar.

FISH:
   v. Buscar aprobación. Buscar información. Indagar.

FISH BOWL:
   s. La cárcel.

FISH EYE:
   s. Mirada sin expresión.

FISH HOOKS:
   s. Los dados.

FISH HORN:
   s. Saxofón.

FISH SKIN:
　　s. Condón.
FISHY:
　　adj. Sospechoso. Increíble.
FIST-FULL:
　　Cinco años de cárcel. Manos llenas de dinero.
FIVE BY FIVE:
　　s. Gordo.
FIVE PERCENTERS:
　　s. Influyentes. Coyotes.
FIX:
　　v. Sobornar. Inyectar narcóticos.
FIX UP:
　　v. Conseguir algo especial para un amigo. Arreglar un asunto
FIX (ONE'S) WAGON:
　　v. Hacer daño. Vengarse.
FIZZLE:
　　s. Fracaso.
FLAK:
　　s. Balas antiaéreas. Publicidad.
FLAG:
　　v., s. Nombre falso. Señalar. Parar. Advertir.
FLAME:
　　s. Novio(a).
FLAPPER:
　　s. Muchacha tipo Charleston. Mano.
FLAPS:
　　s. Orejas. Controles de avión.
FLARE UP:
　　v. Enojarse. Excitarse.
FLAT:
　　s. Llanta ponchada. Sin interés.
FLAT FOOT:
　　s. Policía.
FLAT BROKE:
　　adj. Sin un centavo.
FLEA BAG:
　　s. Hotelucho. Caballo inferior.

FLESH PEDDLER:
s. Alcahuete. Palo blanco. Padrote.

FLESHPOT:
s. Burdel. Burlesque.

FLICK:
s. Cine.

FLIM-FLAM:
v. Engañar con palabras bonitas.

FLIMSY:
adj. Débil. Barato. Corriente.

FLING:
s. Parranda. Baile. Fiesta.

FLING:
v. Lanzar la pelota (beisbol).

FLIP:
s. Persona imprudente. Golpe. Caída. Resbalón.

FLIP THE LID:
v. Enojarse violentamente. Volverse loco.

FLIPPER:
s. La mano.

FLOAT:
v. Ser feliz. Pasar dinero falso. Orden policiaca de salir del del pueblo.

FLOCK:
s. Grupo. Parroquia.

FLOOR:
v. Tirar al suelo. Sorprender.

FLOORBOARD:
v. Meter el acelerador.

FLOOZIE:
s. Chica fácil.

FLOP:
v. Dormir. Fracasar.

FLOP HOUSE:
s. Hotelucho. Casa de asistencia.

FLOWER:
s. Homosexual.

FLUB:
v. Cometer un error. Echar a perder.

FLUB THE DUB:
v. Evadir responsabilidad. Masturbarse.

FLUFF:
s., v. Chica fácil. Meter la pata.

FLUKE:
s. Algo inesperado. Chiripa.

FLUNK:
v. Reprobar. Fracasar.

FLUSH:
adj., v. Adinerado. Echar agua al excusado.

FLY:
s. Pelota alta. Alerta. Bragueta.

FLY BOY:
s. Aviador.

FLYER:
s., v. Una oportunidad. Arriesgarse. Apostar a lo loco.

FLYING COFFIN:
s. Planeador militar.

FLY OFF THE HANDLE:
v. Enfurecerse.

FLY THE COOP:
v. Escaparse.

FOG:
v. Fumar. Matar. Estar confuso.

FOLD:
v. Fracasar por falta de dinero.

FOLDING MONEY:
s. Billetes.

FOLLOW THROUGH:
v. Perseguir algo hasta lograrlo. Persistir.

FOLLOW UP:
v. Persistir. Seguir luchando.

FOOL:
s., v. Persona tonta. Engañar.

FOOL AROUND:
v. Acariciar. Hacerle la lucha a una chica. Vacilar.

FOOTSIE:
v. Acariciar a una chica con el pie o la rodilla.

FOR CRYING OUT LOUD!:
ex. ¡Valga!

FOR FREE:
adj. Gratis. Recibir los encantos de una chica sin pagar.

FORK OUT:
v. Pagar sin ganas.

FOR REAL:
adj. Verdaderamente.

FOR THE BIRDS:
adj. Algo que no sirve.

FORTHWITH:
adv. Inmediatamente.

FORTY FIVE:
s. Pistola calibre .45.

FORTY WAYS:
adv. Muchas maneras de hacerlo.

FORTY WINKS:
s. Siesta muy corta.

FOSSIL:
s. Un viejo.

FOUL BALL:
s. Persona indeseable.

FOULED UP:
adj. Confuso. Echado a perder.

FOUL MOUTH:
s. Persona obscena.

FOUNDRY:
s. Oficina de trabajo.

FOUR BAGGER:
s. Jonrón (beisbol).

FOUR BITS:
s. 50 centavos de dólar.

FOUR EYES:
s. Persona con anteojos.

FOURFLUSHER:
s. Uno que trata de impresionar o engañar.

FOUR HUNDRED:
s. La alta sociedad.

FOUR LETTER MAN:
s. Atleta de cuatro años.

FOUR LETTER WORD:
s. Profanidad.

FOUR SHEETS TO THE WIND:
adj. Muy borracho.

FOUR TIME LOSER:
s. Criminal habitual.

FOUR WIDE ONES:
s. Base por bolas (beisbol).

FOX:
v. Engañar. Defraudar.

FOX HOLE:
s. Zanja para evadir las balas.

FRAIDY CAT:
adj. Miedoso.

FRAIL:
s. Chica.

FRAME:
v. Levantar falsos. Culpar de un delito a un inocente.

FRANTIC:
adj. Excitado. Desesperado.

FRAT:
s. Club de colegiales.

FRAU:
s. Esposa.

FREAK:
s. Persona rara. Homosexual.

FREE AND EASY:
s. Muchacha generosa.

FREE LOAD:
v. Vivir con amigos sin pagar.

FREE SHOW:
Muchacha que enseña las piernas o el busto.

FREE TICKET:
s. Viaje gratis.

FREE WHEELING:
adj. Libre. Independiente.

FREEZE:
   v. Quedarse inmóvil. Congelar. Helar.

FREEZE OUT:
   v. Forzar a alguien que se salga de un negocio o asunto.

FRENCH LEAVE:
   v. Escaparse de una responsabilidad. Abandonar el ejército sin permiso.

FRENCH POSTCARD:
   s. Tarjeta pornográfica.

FRESH:
   adj. Atrevido. Imprudente.

FRIED:
   adj. Borracho.

FRIG:
   v. Hacer el acto sexual. Estafar.

FRIED EGG:
   s. Seno desnudo. La bandera del Japón.

FRISCO:
   s. San Francisco, California.

FRISK:
   v. Registrar, esculcar a una persona.

FRITZ:
   s. Un alemán.

FROG:
   s. Un francés.

FROG MAN:
   s. Buzo con aletas y tanque.

FROG SKIN:
   s. Un dólar.

FROG STICKER:
   s. Daga.

FROM HELL TO BREAKFAST:
   adv. De punta a punta. De extremo a extremo.

FROM HUNGER:
   adj. Inferior. Barato.

FRONT:
   s. Persona de paja. Negocio legal que es frente para uno ilegal.

FRONT OFFICE:
s. La administración.

FROST:
s. Fracaso. Ser recibido fríamente.

FROWZY:
adj. Mal vestido. Sucio.

FROZEN:
adj. Asustado. Congelado.

FRUIT:
s. Homosexual.

FRY:
v. Morir en la silla eléctrica.

FU:
s. Mariguana.

FUDDY-DUDDY:
adj. Conservador.

FUDGE:
v. Engañar. Tomar ventaja.

FULL BLAST:
adj. A toda fuerza.

FULL OF BEANS:
adj. Lleno de esperanza u optimismo.

FULL OF HOT AIR:
adj. Lleno de mentiras.

FED UP:
adj. Aburrido. Triste.

FUNNIES:
s. Los cartones o monitos de un periódico.

FUNNY BUSINESS:
s. Negocio dudoso. Truco.

FUNNY HOUSE:
s. Manicomio.

FUSS:
v. Prestar atención. Halagar.

G

GABRIEL:
s. Músico con trompeta.

GADGET:
   s. Cualquier aparato o máquina.

GAFF:
   s. Truco. Respaldo de un truco.

GAG:
   s. Una broma.

GAL:
   s. Muchacha.

GALL:
   s. Imprudencia. Atrevido.

GALL:
   s. Valor, descaro.

GAMS:
   s. Piernas bonitas.

GANDER:
   v. Dar una mirada.

GANGSTER:
   s. Pandillero.

GARBAGE:
   s. Basura. Algo desechado.

GARDEN:
   s. Campo. Estadio. Arena.

GARGLE:
   v. Beber licor.

GAS:
   v. Plática ligera.

GASH:
   s. La vagina.

GATE:
   La entrada a un espectáculo.

GATE CRASHER:
   s. Persona que entra a un espectáculo o fiesta sin pagar.

GAY DECEIVERS:
   s. Senos falsos.

GEDUNK:
   s. Postre. Golosinas.

GEE!:
   ex. ¡Caray!

GELT:
   s. Dinero.
GENT:
   s. Caballero.
GET ALONG:
   v. Caminar bien. Llevársela bien.
GET IT:
   v. Comprenderlo.
GETAWAY:
   v. Escapar. Salir con la suya.
GET LOST:
   v., ex. ¡Váyase! ¡No me moleste!
GET OUT:
   v. Salir. Bajarse de un vehículo.
GET TOGETHER:
   s. Una junta. Una fiesta.
GET UP:
   s., v. Traje. Vestuario. ¡Camine! ¡Levántese!
G.I.:
   s. Soldado raso. Conscripto.
GIDGET:
   s. Un aparato o maquina.
GIG:
   v. Castigar. Fiesta de jazz.
GIGGLE:
   v. Reír discretamente.
GIMP:
   s. Un cojo.
GINK:
   s. Fulano.
GIRL FRIEND:
   s. Novia.
GIVE THE GATE:
   v. Despedir. Echar afuera.
GIZMO:
   s. Cualquier cosa.
GIT UP AN' GO!:
   ex. ¡Éntrale duro!

GIVEAWAY:
 s. Regalo. Artículo de propaganda que se regala.

GIVES ME A PAIN:
 v. Me aburre. Me fastidia.

GLAD EYE:
 s. Mirada coqueta. Invitación.

GLAD HAND:
 s. Aplauso.

GLAD RAGS:
 s. Ropa dominguera.

GLASS:
 s. Joyas. Diamantes.

GLASS JAW:
 s. Quijada de boxeador que no resiste golpes.

GLIM:
 s. Una luz. Los ojos.

GLOBES:
 s. Los senos.

GLOP:
 s. Comida mala, sin sabor.

GLOW:
 adj. Ligeramente ebrio.

GO FOR:
 v. Interesarse en algo.

GO AHEAD:
 ex. Siga adelante.

GO AROUND TOGETHER:
 v. Noviar. Salir juntos. Intimar.

GO AROUND WITH:
 v. Estar de novio con.

GOAT:
 Víctima. Caballo malo. Pagano.

GOB:
 s. Una cantidad. Marinero.

GOBBLE:
 v. Tragar.

GOBOON:
 s. Escupidera.

GOD-AWFUL:
adj. Horrible. Repulsivo.

GOD DAMN!:
ex. ¡Condenado! ¡Desgraciado!

GO DOWN:
v. Derrumbarse. Fracasar.

GO GETTER:
s. Entusiasta. Persona con ambición.

GOING OVER:
v. Repasar. Dar una paliza.

GOLD BRAID:
s. Oficial militar.

GOLD BRICK:
s. Un flojo.

GOLD DIGGER:
s. Chica que le gusta el dinero.

GONE:
adj. Enamorado. Narcotizado.

GOO:
s. Atole. Plática halagadora.

GOOBER:
s. Cacahuate.

GOOD DEAL:
s. Buen asunto. Trabajo fácil.

GOOD EGG:
s. Buena persona.

GOOD LOOKER:
s. Chica bonita.

GOODS, THE:
s. La verdad. Mercancía robada.

GOODY-GOODY:
s. Persona afeminada o que se cree mucho.

GOOF:
v., s. Tonto. Hacer una tontería.

GOOF BALL:
s. Pastilla estimulante.

GO ON!:
ex. ¡No lo creo! ¡Ándale!

GOON:
 s. Matón. Criminal. Salvaje.

GOOSE:
 v. Dar un piquete en el trasero. Apretar el acelerador.

GOOSE EGG:
 s. Un cero. Reprobar.

GO PLACES:
 v. Tener éxito.

GORILA:
 s. Criminal. Matón. Pistolero.

GOULASH:
 s. Información falsa. Un restaurante malo.

GO WITH:
 v. Noviar con. Acompañar a.

GO WRONG:
 v. Salir mal. Tomar malos pasos.

GRAB:
 v. Agarrar. Apropiarse de algo ajeno.

GRAFT:
 s. Soborno. Mordida.

GRAMPS:
 s. Abuelo.

GRAND:
 s. Mil dólares.

GRANDSTAND PLAY:
 s. Jugada espectacular.

GRAPEVINE:
 s. Red de información. Red de soplones.

GRASS WIDOW:
 s. Mujer divorciada o con el esposo ausente.

GRAVEYARD SHIFT:
 s. Turno de la madrugada.

GRAVY:
 s. Ganancia. Utilidad.

GRAVY TRAIN:
 s. Grupo que está ganando dinero fácilmente, por lo general políticos.

GREY MATTER:
 s. Inteligencia. Cerebro.

GREASE BALL:
s. De raza latina.

GREASE IT IN:
v. Aterrizar suavemente. Meter algo con cuidado.

GREASE JOINT:
s. Restaurante malo.

GREASE MONKEY:
s. Mecánico. Empleado de una estación de gasolina.

GREASY SPOON:
s. Restaurante malo.

GREATEST, THE:
Lo mejor. Magnífico.

GREEN:
s. Dinero.

GREENHORN:
s. Novato. Inmigrante. Aprendiz.

GREEN ICE:
s. Esmeraldas.

GREEN LIGHT:
s. Señal de siga. Aprobación.

GREEN THUMB:
s. Aptitud para hacer crecer las plantas.

GRID:
s. Campo de futbol americano.

GRIFT:
s. Tahúr. Dinero sucio.

GRIND:
s., v. Trabajo monótono, cansado. Los movimientos de una bailarina exótica. Trabajar continuamente.

GRIPE:
v. Quejarse. Persona que se queja.

GROG:
s. Licor. Ron.

GROGGY:
adj. Atontado. Boxeador que está a punto de caer.

GROWLER:
s. Excusado. Persona que gruñe constantemente.

GRUB:
s., v. Comida. Agarrar. Arrebatar.

GRUB STAKE:
   s. Financiamiento limitado especialmente para gambusinos.

GRUESOME TWOSOME:
   s. Una pareja. Un par de novios. Un dueto.

GRUNT AND GROAN:
   s., v. Luchador. Lucha libre.

GRUT:
   s. Suciedad. Mierda.

GUM BEATER:
   s. Hablador.

GUMSHOE:
   s. Policía.

GUN:
   s., v. Pistolero. Balacear. Acelerar la velocidad.

GUNK:
   s. Suciedad.

GUN MOLL:
   s. Compañera de criminal.

GUNSEL:
   s. Chamaco. Ladrón.

GUTS:
   s. Valor. El estómago. El interior.

GUTTER:
   s. v. Vagabundo. Vagabundear.

GUY:
   s. Fulano.

GUZZLE:
   v. Tragar. Beber. Emborrachar.

GYP:
   s. adj. Estafador. Fraudulento.

GYRENE:
   s. Marino norteamericano.

H

HABA HABA!:
   ex. ¡Apresúrate!

HACK:
   s. Taxi. Tos. Persona sin imaginación.

HAD IT:
v. adj. Fracasado. Deprimido.

HAG:
s. Mujer fea, vieja, desarreglada.

HAIR OF THE DOG:
s. El último trago. Trago para curar la cruda.

HALF BAKED:
adj. Medio terminado. Tonto. Incompleto. Deficiente.

HALF COCKED:
adj. Prematuro. Medio preparado.

HALF BUCK:
s. 50 centavos de dólar.

HALF PINT:
s. adj. Persona pequeña. Pequeño. Corto de estatura.

HALF SHOT:
adj. Medio borracho.

HAM:
s. Novato. Fanfarrón. Mal artista.

HAND:
s. Aplauso. Ayuda.

GO TO HELL!:
ex. ¡Váyase al diablo!

HANDFUL:
s. Cinco años de prisión.

HANDLE:
s. El nombre. El apodo.

HAND ME DOWN:
s. Ropa hecha.

HANDSHAKER::
s. Persona dmasiado amigable.

HANG:
s. Aptitud. Don. *Hang on:* Esperar.

HANG AROUND:
v. Frecuentar un lugar.

HANG ONE ON:
v. Emborracharse.

HANGOUT:
s. Lugar frecuentaod por estudiantes o delincuentes.

HANGOVER:
s. Una cruda. Remordimiento.

HANG UP:
v. Colgar el teléfono.

HARD BOILED:
s. Hombre rudo.

HARD HAT:
s. Sombrero de copa. Persona de la alta sociedad.

HARD HEADED:
adj. Testarudo. Terco.

HARD MONEY:
s. Dinero sonante.

HARD TIMES:
s. Tiempos difíciles.

HARD UP:
adj. Sin dinero.

HARDWARE:
s. Armas. Joyas.

HAS BEEN:
s. Uno que ha venido a menos.

HASH:
s. v. Comida. Discutir. Mesera.

HATCH:
s. La boca.

HATCHET MAN:
s. Matón. Pistolero.

HAUL IN:
v. Encarcelar a un delincuente.

HAUL OFF:
v. Golpear inesperadamente.

HAVE-NOT:
s. Persona pobre.

HANK:
v. s. Vendedor. Vender en la calle. Persona que apoya la guerra.

HAY:
s. Mariguana. La cama. Dinero.

HAYMAKER:
s. Un golpe fuerte.

HAYSEED:
s. Campesino.

HAYWIRE:
adj. Averiado. Confuso.

HAM:
s. v. Mal actor. Amanerado. Exagerar.

HEAD:
s. v. Una cruda. Dolor de cabeza. Dirigirse a un lugar.

HEADACHE:
s. Dificultad. Preocupación.

HEAD HUNTER:
s. Oficina de colocación para ejecutivos. Detective.

HEAD SHRINKER:
s. Un siquiatra.

HEADS UP:
ex. Advertencia de peligro.

HEADS UP:
adj. Actuar o jugar con inteligencia.

HEART:
s. Coraje. Determinación.

HEARTS AND FLOWERS:
s. Sentimiento. Canción o palabras sentimentales.

HEAT:
s. Peligro. Presión. Dificultad. Un periodo de juego.

HÉAVE:
v. Vomitar. Lanzar. Empujar.

HEAVY:
s. Papel principal. Boxeador. Pandillero.

HEAVY DATE:
s. Cita importante.

HEEL:
s. Persona desagradable.

HEELED:
adj. Rico. Con dinero.

HEELS, ROUND:
s. Chica que se deja caer fácilmente.

HEIFFER:
s. Vaquilla. Chica.

HELL:
> s. Infierno. Sufrimiento.

HELL AND GONE:
> adv. Escapado. Irse muy lejos.

HELL BENDER:
> s. Borrachera excepcional.

HELL CAT:
> s. Chica valiente o furiosa. Chica indomable.

HELL HOLE:
> s. Lugar muy desagradable.

HELL OF A TIME:
> adv. Mal momento.

HELL OF A NOTE:
> s. Sorpresa desagradable.

HELL'S BELLS!:
> ex. ¡Qué diablos!

HELL TO PAY:
> s. Un castigo duro. Un resultado desagradable.

HE MAN:
> s. Hombre fuerte, viril.

HEMP:
> s. Mariguana.

HEN:
> s. Mujer chismosa, desagradable.

HEN PARTY:
> s. Junta de mujeres para chismear o comadrear.

HEN TRACKS:
> s. Garabatos. Firma.

HEP:
> s. Informado. Moderno. Amante del jazz (1960).

HEP CAT:
> s. Amante de música moderna.

HEY!:
> ex. ¡Oiga!

HI!:
> ex. ¡Hola!

HICK:
> s. Campesino. Tonto.

HICKIE:
   s. Grano o roncha en el cutis.

HICK TOWN:
   s. Pueblo provincial retrasado.

HIDE-AWAY:
   s. Escondite.

HI-FI:
   s. Alta fidelidad.

HIGH:
   adj. Borracho.

HIGHBALL:
   .s Bebida de whisky. Tren express.

HIGH BROW:
   s. Intelectual.

HIGH CLASS:
   adj. Culto. De alta calidad.

HIGHER THAN A KITE:
   adv. Borrachísimo.

HIGH YELLOW:
   s. Mulato. Negro con cutis claro.

HIGHJACK:
   v. Asaltar un vehículo. Robar un camión de carga. Robar
   un avión.

HIKE:
   v. Caminar a pie. Subir. *Hike the price:* Subir el precio.

HILL BILLY:
   s. Campesino.

HILL OF BEANS:
   s. Algo sin importancia.

HIND END:
   s. El trasero.

HINGE:
   v. Depender de. Condicional a.

HIP:
   s. Uno sin responsabilidad o ambición. Usa drogas. No trabaja. También *hippie* o *beatnik*.

HISSY:
   s. Ráfaga de enojo.

HIT:
    s. Éxito popular. Pegarle al premio. Ponerse en base (beisbol).

HITCH:
    Casarse. También *Get hitched.*

HITCH HIKE:
    v. Caminar a levantones.

HIT FOR:
    v. Arrancar a dirección de.

HIT IT OFF:
    v. Llevársela bien. Congeniar.

HIT THE HAY:
    v. Acostarse a dormir.

HOCK:
    v. Empeñar. Estar endrogado.

HOCK SHOP:
    s. Casa de empeño.

HOE DOWN:
    s. Baile popular campesino.

HOG:
    adj. Avaro. Miserable. Goloso.

HOGWASH:
    s. Palabras insinceras. Mentiras.

HOIST:
    v. Robar. Colgar a una persona.

HOKEY POKEY:
    s. Un engaño. Una ilusión.

HOKUM:
    s. Halago sin sinceridad. Mentira.

HOLD OUT:
    v. Resistir. Aguantarse.

HOLD THE SACK:
    v. Dejar a alguien con toda la responsabilidad.

HOLD UP:
    s. Robo armado.

HOLE:
    s. Habitación pequeña y sucia.

HOLE IN:
    v. Esconderse en un *hole.*

HOLE IN THE WALL:
 s. Tiendita. Negocio humilde.

HOLLER:
 v. Gritar. Quejarse.

HOLY TERROR:
 s. Persona incontrolable.

HOMER:
 s. Home run (beisbol).

HOME WORK:
 s. Tarea de escuela. Hacer el amor en la casa.

HOMO:
 s. Homosexual.

HON *(Honey):*
 s. Querido (a). Cariño.

HOOTCH:
 s. Licor.

HOOD:
 s. Gángster. Pandillero.

HOODLUM:
 s. Delincuente.

HOOF IT:
 v. Andar a pie. Bailar.

HOOFER:
 s. Bailarín(a) profesional.

HOOK:
 v. Enganchar. Atrapar. Estafar.

HOOKER:
 s. Prostituta.

HOOKEY:
 s. v. Irse de pinta.

HOOP:
 s. Anillo. La canasta de basquetbol.

HOP IN!:
 ex. ¡Súbase!

HOP HEAD:
 s. Adicto a narcóticos.

HORN IN:
 v. Interrumpir. Entrar a una conversación sin ser invitado.

HORNY:
 adj. Estar deseoso de sexo.
HORSE:
 Mil dólares. Heroína.
HOT:
 adj. Robado. Carro con superpotencia. Con suerte. Enojado. Sexualmente excitante.
HOT AIR:
 s. Mentira.
HOTBED:
 s. Concentración de alguna actividad.
HOT FOOT:
 v. Caminar apresuradamente.
HOTS, THE:
 s. Deseo sexual.
HOT STUFF:
 s. Algo excepcional. Mercancía robada. Chica amante del sexo.
HOT TAMALE:
 s. Chica amante del sexo.
HOT UNDER THE COLLAR:
 adj. Enojado.
HOT WATER, IN:
 adv. En dificultades.
HOUSE CLEANING:
 v. Hacer limpia de los malos elementos.
HOWL:
 v. Gritar. Reírse a carcajadas.
HOW ABOUT...?:
 ex. "¿Qué tal si...?"
HUDDLE:
 s. Conferencia. Agrupamiento. Junta de jugadores para recibir señales del quarterback (futbol americano).
HUFF, IN A:
 adv. Muy enojado.
HUMDINGER:
 s. Algo excepcional.

HUNCH:
  s. Presentimiento. Actuar por un impulso y no racional-
  mente.
HURL:
  v. Lanzar. Pichear. Arrojar.
HUSH:
  s. Silencio. Callado.
HUSTLE:
  Trabajar. Vender. Apresurarse. Ejercer la profesión de prostituta.
HUSTLER:
  s. Prostituta. Persona que se apresura a hacer su trabajo.

I

ICE:
  Diamantes.
ICE BOX:
  s. La prisión.
ICE, ON:
  adj. Estar guardado. Estar en la prisión.
ICEMAN:
  s. El repartidor de hielo que se acuesta con las amas de casa.
ICING:
  s. Merengue. Algo artificial.
I'M SORRY!:
  ex. ¡Lo siento!
IN, TO BE:
  Tener entrada o ventaja.
IN AND OUTER:
  adj., s. De entrada por salida. Persona inestable.
INFO:
  s. Información.
IN FOR IT, TO BE:
  v. Ser sujeto a castigo.
INK:
  s. Vino barato.
IN THE KNOW:
  adj. Informado.

IN THERE, TO BE:
   v. Estar en medio de lo duro de la pelea. Luchar duro.

IN THE COLD, TO BE:
   v. Abandonado. Fuera de la acción.

IN THE DOG HOUSE, TO BE:
   s. Estar en la casa de perros. Cuando la esposa no le ha perdonado al esposo.

INK IN:
   v. Llenar las líneas de lápiz con tinta.

I.O.U. *(I owe you):*
   Un pagaré.

IRISH CONFETTI:
   s. Piedras o ladrillos que están lanzando.

IRISH TURKEY:
   s. Spam. Carne enlatada.

IRON CURTAIN:
   s. Cortina de hierro. Los países comunistas europeos.

IRON MAN:
   s. Un dólar. Músico que toca calypso.

IT, TO HAVE:
   v. Tener atractivo. Ser sexy.

ITCHY:
   adj. Con muchas ganas.

IVY LEAGUE:
   s. Liga de futbol americano. Personas de abolengo o de alta sociedad.

J

JACK:
   s. Dinero. Comida. El joto de naipes. Burro macho.

JACKASS:
   s. Burro. Tonto.

JACKPOTT:
   s. El premio gordo.

JACK ROLLER:
   s. El que roba a borrachos.

JACK UP:
   v. Presionar. Aumentar precio.

JAG:
s. Racha de llanto. Borrachera.

JAIL BAIT:
s. Muchacha fácil, pero menor de edad.

JAIL BIRD:
s. Presidiario. Criminal con antecedentes penales.

JAM:
s. Un predicamento. Dificultades. Sesión de jazz. Interferir electrónicamente con la emisión de radio o TV.

JAVA:
s. Café.

JAYWALKER:
s. Peatón indisciplinado.

JAZZ:
s. v. Música norteamericana originaria de Nueva Orleáns. Hacer el acto sexual. Animar. Entusiasmar.

JEANS:
s. Pantalón de mezclilla.

JEEZ!:
ex. ¡Caray! ¡Cáspita!

JELL:
v. Formarse. Lograrse. Cerrar un negocio o un asunto.

JERK:
s. Persona desagradable. Quitar. Jalar. Desprender.

JIFFY, IN A:
En un momento. Rápidamente.

JIG:
s. Zapateado. Baile irlandés. Persona de raza negra.

JIM CROW:
s. Persona de raza negra.

JIM DANDY:
adj. Muy bueno.

JINX:
s. v. Mala suerte. Mal agüero. Maldecir.

JITNEY:
s. Carro viejo. Taxi viejo.

JITTERBUG:
s. Entusiasta de jazz.

JITTERS:
  s. Tener angustia o nervios.
JIVE:
  s. v. Música popular. Bailar con música popular. Atraer
  atención.
JOB:
  s. Empleo . Chamba.
JOHN DOE:
  s. Fulano de tal.
JOHN HANCOCK:
  s. La firma legal en un documento.
JOHN LAW:
  s. La policía.
JOHN, THE:
  El excusado. El W. C.
JOINT:
  s. Cabaretucho. Lugar de negocio corriente o de mala fama.
JOKER:
  s. Comodín. Cláusula escapatoria u oculta en un contrato.
  Una desventaja.
JOLLY:
  s. Excelente. Feliz.
JOLT:
  s. Golpe. Sorpresa.
JOSH:
  v. Bromear. Ridiculizar.
JUDY:
  Torre de control aéreo. Muchacha.
JUG:
  s. La cárcel. Botella de licor. Banco.
JUGHEAD:
  s. Tonto. Cabezón.
JUICE:
  s. Licor. Corriente eléctrica. Dinero.
JUKE:
  s. Sinfonola. Cabaretucho. Música.
JUMBO:
  s. Grande. Enorme.

JUMP:
s. Asaltar. Robo armado.

JUMP OFF THE DEEP END:
v. Actuar sin pensar. Tirarse al agua.

JUMP THE HURDLE:
v. Casarse.

JUNGLE:
s. Campo de trampas. Calle amontonada. Ciudad hirviente.

JUNK:
s. Narcóticos. Chatarra.

JUNK HEAD:
s. Adicto a narcóticos.

JUNK HEAP:
s. Carro viejo. Montón de basura. Lugar donde venden narcóticos.

K

KALE:
s. Dinero.

KAPUT:
adj. Destruido. Inútil. Fuera de servicio.

KAYO:
s. Un knock-out (box). También K. O.

KEEP COMPANY:
v. Andar noviando.

KETTLE OF FISH:
s. Situación desagradable.

KIBITZ:
v. Observar y criticar un juego de barajas.

KIBITZER:
s. Mirón.

KICK:
v. s. Quejarse. Oponerse. Una emoción o excitación.

KICK AROUND:
v. Discutir. Meditar algo. Golpear a patadas.

KICK BACK:
s. Mordida. Soborno.

KICK OFF:
> *v. s.* Morir. El principio de un juego de futbol americano. El principio de cualquier asunto.

KICK OFF THE TRACES:
> *v.* Encontrar la libertad.

KICK OUT:
> *v.* Lanzar. Despedir del trabajo.

KICK THE BUCKET:
> *v.* Morir.

KICK THE GONG AROUND:
> *v.* Salir de parranda. Orgía con narcóticos.

KICK UP:
> *s.* Impulsar. Hacer barullo.

KID:
> *v. s.* Bromear. Niño. Hijo.

KID STUFF:
> *s.* Asunto de niños.

KILL:
> *v.* Beber todo. Terminar. Acabar con algo. Arruinar.

KILLER:
> *s.* Un donjuán. Chica linda. Matón.

KILLING:
> *s.* Un éxito. Un triunfo.

KING PIN:
> *s.* El mero mero.

KING SIZE:
> *adj.* Tamaño regio.

KINKY:
> *s.* Algo chueco, malo.

KISSER:
> *s.* La boca. La cara.

KISS AWAY:
> *v.* Desperdiciar. Perder algo por negligencia.

KISS GOODBYE:
> *v.* Despedirse. Deshacerse de algo indeseable. También *Kiss off.*

KISS THE CANVASS:
> *v.* Echar al suelo. Recibir o dar un knockout (box).

KIT AND CABOODLE:
s., adj. Todo Completo. El lote entero.

KITTY:
s. Alcancía. Fondo de ahorros.

KNEE BENDER:
s. Persona religiosa.

KNEE HIGH:
adj. Pequeño. Hasta la rodilla.

KNEESIES:
v. Acariciar debajo de la mesa con las rodillas.

KNOCK:
v. Criticar. Despreciar.

KNOCK OFF:
v. Matar. Parar de trabajar. Terminar con algo.

KNOCK-OUT:
s. v. Echar a la lona con el conteo de diez *(box)*. Una chica bonita. Cualquier cosa excepcional.

KNOCKOUT DROPS:
s. Narcotizante que se echa secretamente en las bebidas.

KNOCK OVER:
v. Robar. Asaltar. Vencer.

KNOW HOW:
s. Técnica. Conocimientos.

KNOW IT ALL:
s. Persona que piensa que lo sabe todo.

KNUCKLE DOWN:
s. Ponerse a trabajar con empeño.

KNUCKLE HEAD:
s. Un tonto.

KNUCKS:
s. Artefacto metálico que se pone en el puño para golpear.

KOPASETIC:
adj. Agradable. Simpático.

KOSHER:
adj. Auténtico. Honrado.

L

LAB:
s. Laboratorio. Trabajo de laboratorio.

LADY:
s. Dama. La madrota de un burdel.

LADY KILLER:
s. Un donjuán tenorio.

LAG:
s. Prisión. Presidiario. Criminal.

LAMB:
s. Inocente. Uno fácil de estafar.

LAME DUCK:
s. Político que no fue relegido.

LAMP:
v. Echar una mirada. Inspeccionar.

LARGE CHARGE:
s. Una gran excitación.

LATHERED:
adj. Enojado. Enfurecido.

LATRINE:
s. Excusado. Trinchera que usa como excusado el ejército.

LATRINE RUMOR:
s. Chisme.

LAY AN EGG:
v. Lanzar una bomba.

LAY DOWN:
v. No cumplir. Actuar con negligencia o falta de interés.

LAY FOR...:
v. Poner una emboscada para alguien.

LAY LOW:
v. Esconderse de alguien.

LAY OFF:
v. Desistir. Dejar en paz.

LAY ONE ON:
v. Dar un golpe fuerte.

LAY:
s., v. Una chica fácil. El acto sexual.

LEAD IN THE PENCIL:
s. Potencia sexual.

LEAD OUT:
v. Apresurarse. Salir adelante.

LEAD PIPE CINCH:
   s. Cosa segura.
LEAD POISONING:
   s. Muerte por una bala.
LEAK:
   v. Escape de datos confidenciales. Orinar.
LEATHERNECK:
   s. Marino norteamericano.
LEERY:
   adj. Suspicaz. Cuidadoso.
LEFTY:
   s. Persona zurda.
LEFT WING:
   s. Elementos izquierdistas.
LEG:
   v. Andar a pie. Partir. Escapar.
LEGIT:
   adj. Legítimo. Auténtico. Legal.
LEMON:
   s. Algo que no salió bien.
LETCH:
   v. Estar deseoso de sexo.
LET NOBODY MISUNDERSTAND:
   ex. Que nadie se equivoque.
LET OUT:
   v. Soltar. Dejar escapar.
LETTUCE:
   s. Dinero. Billete.
LEVEL:
   v. Ser honrado o serio.
LEVIS:
   s. Pantalón de mezclilla.
LIBERATE:
   v. Robar. Confiscar.
LICK:
   v. Vencer. Una improvisación repentina musical.
LICKETY SPLIT:
   adv. Rápidamente.

LID:
   s. Sombrero. Cofre de carro. Capucha.

LIFER:
   s. Condenado a toda la vida.

LIFT:
   v. Robar.

LIFT:
   s. Un aventón en la carretera. Una excitación o animación.

LIGHT:
   s., adj. Lumbre. Cerillo. Ligero.

LIGHT OUT:
   v. adj. Escapar. Partir. Dormido. Inconsciente.

LIGHT. SEE THE:
   v. Ver o comprender la verdad.

LIGHT, THE:
   s. La verdad. El objetivo.

LIGHT-FINGERED:
   s. Ladrón. Carterista.

LIKE CRAZY:
   adj. Excesivo. Locamente.

LILY:
   s. Un afeminado.

LILY WHITE:
   adj. Inocente. Crédulo.

LIMBS:
   s. Piernas.

LIMEY:
   s. De nacionalidad inglesa.

LIMIT, THE:
   Lo último que se puede soportar.

LINE:
   Una plática convencedora.

LIP:
   s. Abogado. Uno que habla mucho.

LIQUIDATE:
   v. Matar.

LISTEN IN:
   v. Espiar. Escuchar secretamente.

LITTLE BLACK BOOK:
    s. Libro de direcciones y teléfonos.

LITTLE JOE:
    s. El cuatro de dados.

LIT UP:
    adj. Borracho.

LIVE:
    adj. Potente. Peligroso.

LIZZIE:
    s. Carro Ford antiguo.

LOADED:
    adj. Con mucho dinero. Borracho.

LOCK UP:
    s. La cárcel.

LOCOMOTIVE:
    s. Grito de porra.

LONER:
    s. Persona que vive o actúa sola.

LONG GREEN:
    s. Billetes.

LONG HANDLED UNDERWEAR:
    s. Ropa interior larga de invierno.

LONG SHOT:
    s. Caballo con poca oportunidad de ganar. Algo improbable.

LOOKER:
    s. Muchacha bonita.

LOOK-SEE:
    v. Dar una mirada.

LOOSE:
    adj. De mala reputación. Libre. Vago(a).

LOOT:
    s., v. Saquear. Robar. Lo robado. El botín.

LOT:
    s. Campo atlético. Estudios de cine.

LOUD:
    adj. De mal gusto. Chillante.

LOUSE:
    s. Persona desagradable.

LOUSE UP:
   v. Echar a perder Averiar.

LOUSY:
   adj. Pésimo. Desagradable.

LOW:
   adj. Triste. Sin dinero

LOW BROW:
   s. Persona ignorante.

LOW DOWN:
   s. La verdad. Bajo. Vil. Registro bajo *(música)*.

LOWER THE BOOM:
   v. Tomar acción drástica.

LOW LIFE:
   adj. Inservible. De malas costumbres.

L.P. *(long play):*
   Disco de larga duración.

LUCKED:
   adj. Con buena suerte.

LUCKY STREAK:
   s. Racha de buena suerte.

LUG:
   s. Tonto. Hombre fuerte.

LULU:
   s. Algo sobresaliente.

LUMMOX:
   Hombre grande y tonto.

LUMP IT!:
   ex. ¡Déjalo! ¡Olvídalo!

LUNGER:
   s. Persona con tuberculosis.

LUSH:
   s. Borracho crónico. Alcohólico.

LYNCH:
   v. Linchar. Matar. Colgar.

M

MACK:
   s. Fulano.

MAD:
   adj. Enojado. Apasionado sobre alguna cosa o persona.

MADE:
   v. Estafado. Seducido.

MADISON AVENUE:
   s. Centro de editoriales, publicidad y relaciones públicas en Nueva York.

MAD MONEY:
   s. Reserva de dinero.

MAG:
   s. Magazine. Revista.

MAIN DRAG:
   s. La calle principal.

MAIN LINE:
   adj. De alta sociedad. La vena gorda donde se inyecta el narcótico.

MAIN STREET:
   s. Calle principal.

MAKE:
   v. Robar. Seducir. Triunfar. Reconocer. Llegar.

MAKE GOOD:
   v. Tener éxito.

MAKE TIME WITH:
   v. Tener éxito amoroso con la novia o el novio.

MAKE UP WITH:
   v. Contentarse con.

MAKE-UP:
   s. Maquillaje.

MAKINGS, THE:
   Los ingredientes. Lo básico.

MAN SIZE:
   adj. Tamaño varonil.

MAP:
   s. La cara.

MARK:
   s. Alguien fácil de estafar.

MARY ANNE:
   s. Mariguana.

MARY JANE:
s. Mariguana.

MASTERMIND:
s. Planeador. Intelectual.

MAZUMA:
s. Dinero.

McCOY:
adj. Auténtico. Original. Genuino.

MEAL TICKET:
s. Trabajo con que se gana la vida. Persona que mantiene a otro.

MEAN:
adj. Malo. Perverso. Egoísta.

MEAT:
s., adj. La base. Persona fácil de engañar. La ganancia.

MEATBALL:
s. Un tonto.

MEATHOOKS:
s. Las manos.

MEAT WAGON:
s. Ambulancia.

MECHANIC:
s. Un experto en manipular naipes.

MEET:
s. Junta. Cita. Concurso.

MELLOW:
adj. Suave. Agradable.

MERRY-GO-ROUND:
s. Asunto confuso. Persona muy ocupada. Las torpezas políticas.

MESS:
s. Confusión. Porquería. Inmoral. Tonto. Complejo.

MESS AROUND:
v. Divertirse. Serle infiel al esposo(a). Parrandear.

MICKEY FINN:
s. Droga en una bebida.

MIFF:
v. Ofender. Molestar. Estar molesto.

MILK RUN:
s. Tren o autobús que para en todos los pueblitos.

MISS:
v. Fallar. Dejar de menstruar.

MISS THE BOAT:
Llegar demasiado tarde.

MIX:
v., s. Pleito. Mezclar con otra raza. Una mezcla de narcóticos o excitantes.

MOB:
v. s. Pandilla. Amontonarse. Ser montoneros.

MODEL T:
s. Carro viejo, barato.

MOLL:
s. Prostituta. Compañera de pandilleros.

MOLOTOV COCKTAIL:
s. Bomba hechiza.

MOM:
s. Madre.

MONKEY AROUND:
v. Perder el tiempo. Vagabundear. Flojear.

MONKEY SHINES:
s. Trucos. Tonterías.

MOONSHINE:
s. Licor ilegal.

MOP:
s. v. Limpiar. Exterminar. Hacer limpia.

MOUSE:
s. Ojo morado. Muchacha. Novia.

MOUTHPIECE:
s. Abogado.

MOVIE:
s. Cine.

MUCK:
s. Suciedad. Rezaga.

MUDDER:
s. Caballo que sabe correr en el lodo.

MUD SLINGING:
v. Difamar. Hablar mal de otros.

MUFF:
  v. Cometer un error.
MUG:
  s. La cara. Foto. Fulano. Ladrón. Pandillero.
MULE:
  s. Persona odiosa, terca.
MULLIGAN:
  s. Un guisado económico.
MUSCLE:
  s. Pistolero. Fuerza.
MUSCLE IN:
  v. Tomar algo por la fuerza.
MUSH:
  s. Chisme. Besos. Palabras amorosas.
MUX:
  s. Teletipo. Comunicación.
MUZZLE:
  v. Restringir. Limitar los movimientos.

N

NAB:
  v. Arrestar. Aprehender.
NAIL:
  v. Capturar. Matar.
NATTY:
  adj. Elegante.
NATURE BOY:
  s. Hombre fuerte. Hombre del campo.
NAVIGATE:
  v. Andar lentamente. Caminar.
NEAT:
  adj. Aseado. Sin diluir.
NECK:
  v. Besar y acariciar a la novia.
NECKTIE:
  s. La cuerda con que se cuelga a un hombre.
NEEDLE:
  s. v. Jeringa. Inyección. Molestar.

NERVE:
  s. Audacia. Valor.
NEVER WAS:
  s. Alguien que nunca tuvo éxito.
NEW LOOK:
  s. Nueva moda.
N. G. *(no good):*
  No sirve. No vale.
NICE PIECE:
  s. Chica bonita y liberal.
NICK:
  v. Cobrar excesivamente. Robar.
NIGHTENGALE:
  s. Soplón. Informador.
NIGHT SPOT:
  s. Club nocturno.
NINETEENTH HOLE:
  s. El descanso después de jugar 18 hoyos *(golf).*
NINETY DAY WONDER:
  s. Oficial militar que ascendió en 90 días. Persona que ascendió demasiado pronto.
NIX!:
  ex. ¡No! ¡No se puede!
NO ACCOUNT:
  adj. Inútil. Sin valor.
NO BARGAIN:
  s. Persona o algo que no vale mucho.
NOBLE:
  s. Persona idealista.
NOBODY:
  s. Persona sin valor.
NOD:
  v. Asentir. Aprobación.
NO DICE!:
  ex. ¡No se puede!
NOGGIN:
  s. La cabeza.
NO GREAT SHAKES:
  adj. Sin importancia.

NOPE!:
ex. ¡No! ¡De ninguna manera!
NOSE BAG:
s. v. Comer. Comida.
NOSE DIVE:
v. Caer. Desplomarse.
NOSE OUT:
v. Apenas salir adelante.
NO SHOW:
neg. No habrá función.
NO SOAP:
neg. Negar permiso.
NOT DRY BEHIND THE EARS:
adj. Persona sin experiencia. Persona muy joven.
NUDE:
s. adj. Desnudo. Foto o actuación al desnudo.
NUMB:
adj. Asustado. Sin comprensión. Borracho. Inconsciente.
NUMBER:
s. Muchacha bonita. Modelo.
NUMBER ONE:
adj. Lo mejor. Uno mismo.
NUTS:
adj. Tonto. Loco.
NUTTY:
adj. Tonto. Loco.

O

OBIT:
s. Obituario.
O. D.
Color caqui.
ODD BALL:
s. Persona excéntrica, rara.
ODDS:
s. La probabilidad de ganar.
ODDS, TO GIVE:
v. Dar ventaja.

OFAY:
   s. Persona blanca.
OFF BASE:
   adj. Desorientado. Impertinente. Atrevido.
OFF BEAT:
   adj. Fuera de lo usual.
OFF COLOR:
   adj. Obsceno.
OH YEAH?:
   ex. "¿Oh sí?"
OIL:
   s. v. Adular. Adulación. Sobornar. Pagar mordida. Suavizar
   las cosas.
O. K.!:
   ex. ¡Muy bien! ¡Está correcto!
OLD LADY:
   s. Esposa. Madre.
OLD MAN:
   s. Esposo. Padre.
ON TO:
   v. Estar enterado.
ON ME:
   ex. Yo pago. On you: Usted paga.
ONCE OVER:
   s. Una pasada. Una mirada.
ONE AND ONLY:
   s. El único amor.
ONE ARMED BANDIT:
   s. Máquina de monedas para apostar jalando la palanca.
ONE OF THE BOYS:
   s. Un compañero.
ONE SHOT:
   adj. Una sola vez.
ONE TRACK MIND:
   s. Mente estrecha.
ONE-TWO:
   ex. Cruzar la izquierda con la derecha (box).
ON THE MAKE:
   adv. De parranda. Buscando sexo.

ON THE ROCKS:
> *adj.* Derrotado. Sin esperanza. Bebida alcohólica servida con hielo.

ON THE TOWN:
> *adv.* De parranda. Buscando diversión por toda la ciudad.

OODLES:
> *adj.* Muchísimo.

OPEN UP:
> *v.* Poner toda la potencia. Hablar con confianza.

OPERATOR:
> *s.* Estafador. Un donjuán tenorio.

OSCAR:
> *s.* Premio cinematográfico.

OSTRICH:
> *s.* Uno que no ve sus propias problemas o no reconoce sus faltas.

OUT:
> *ex.* ¡Salga!

OUTFOX:
> *v.* Ser más listo que el otro.

OUT OF TOWNER:
> *s.* Foráneo. Fuereño. Visitante.

OVER A BARREL:
> *v.* Estar en una posición difícil. Estar arrinconado.

OVERBOARD:
> *adj.* Con demasiado entusiasmo.

OVERNIGHT:
> *adj.* Viaje corto de un día para otro.

OWL:
> *s.* Edición de medianoche (periódico). Trabajo nocturno.

OY!:
> *ex.* ¡Sí!

P

PACK:
> *s.* Paquete de cigarros. Paquete de mariguana o narcótico.

PACKAGE:
> *s.* Chica atractiva. Una cantidad de dinero.

PACK A HEATER:
v. Portar una arma.

PACT:
s. Contrato. Convenio. Convenio secreto entre novios.

PAD:
s. Habitación barata. Cama.

PADDING:
s. Rellenar la cuenta de gastos. Agregar materia artificial o inerte.

PADDY:
s. Un irlandés.

PAGEBOY:
s. Estilo de peinado. Homosexual.

PAIN:
s. Molestia desagradable.

PAIR OFF:
v. Separarse del grupo en parejas.

PAL:
s. Amigo desde niñez.

PALM:
s. Ocultar algo en la mano (magos).

PALOOKA:
s. Boxeador mediocre

PAN:
v., s. Criticar. La cara.

PAN OUT:
v. Salir bien. Tener suerte.

PANHANDLE:
v. Pedir dinero en la calle.

PANIC:
v. Perder la serenidad.

PANSY:
s. Homosexual.

PAPER:
s. Billete.

PARD:
s. Socio. Compañero.

PARK:
v. Dejar algo en un lugar conveniente.

PARLAY:
   v. Apostar en dos o más eventos a la misma vez.
PARTY:
   s. Persona. Fiesta.
PARTY POOPER:
   s. Persona que echa a perder una fiesta.
PASTE:
   v. Golpear. Un hit *(beisbol).*
PAT:
   adj. Inmejorable.
PATSY:
   s. Persona débil o afeminada.
PAW:
   s. Acariciar rudamente. La mano.
PAY DIRT:
   s. Actividad que paga bien.
PAY OFF:
   s. v. La mordida. El soborno. Sobonar. Dar mordida. El pago
   o la recompensa por hacer algo.
PAYOLA:
   s. Soborno. Mordida.
PEACH:
   s. Muchacha divina.
PEANUT:
   s. Persona sin importancia.
PEARL DIVER:
   s. Un lavaplatos.
PEA SHOOTER:
   Rifle. Pistola.
PEA SOUP:
   s. Niebla.
PECK:
   s. Un granjero pobre.
PECKER:
   s. Órgano sexual masculino.
PEE EYE:
   s. Alcahuete. Persona no grata.
PEEL:
   v. Desnudarse.

PEEP:
Observar desde un lugar oculto.

PEEP SHOW:
s. Espectáculo pornográfico.

PEE WEE:
s. Pequeño(a).

PEG:
s. v. Punto preciso. Pierna artificial. Sujetar. Clavar.

PEN:
s. La prisión.

PENCIL PUSHER:
s. Oficinista.

PENNY ANTE:
s. La entrada de un centavo a una mano de póker. Algo pequeño o insignificante.

PENNY PINCHER:
s. Un tacaño.

PEP:
s. Vitalidad. Alerta.

PEP UP:
v. Estimular. Dar vida.

PERCOLATE:
v. Caminar lentamente.

PERSUADER:
s. Pistola. Cuchillo.

PET:
v. Acariciar apasionadamente.

PETE:
s. Una caja fuerte.

PHANTOM:
s. Quien recibe sueldo sin trabajar. "Aviador".

PHONEY:
adj. Falso. Sin valor.

PIC:
s. Un cine.

PICKLE PUSS:
s. Cara de cuajo.

PICK UP:
> *v. s.* Conseguir que una chica se suba al carro, o que si va por la calle lo acompañe a algún lugar. La chica que se deja convencer.

PICNIC:
> *s.* Algo fácil, agradable.

PICTURE, THE:
> *s.* La real situación.

PIE:
> *s.* Algo fácil.

PIECE:
> *s.* Parte de un negocio o de las ganancias. Chica que reparte sus encantos. Una arma.

PIECE OF CHANGE:
> *s.* Cantidad pequeña de dinero.

PIE EYED:
> *adj.* Borracho.

PIG:
> *s.* Muchacha fea. Un gordo(a).

PIG HEADED:
> *adj.* Terco.

PIKER:
> *s.* Persona tacaña, tímida.

PILE:
> *s.* Gran cantidad de dinero.

PILE UP:
> *v.* Choque de varios carros. Amontonarse. Juntar muchos.

PILL:
> *s.* Persona desagradable. Un beisbol.

PILL PUSHER:
> *s.* Un doctor.

PIMP:
> *s.* Alcahuete.

PIN ON:
> *v.* Culpar a otro. Achacar.

PIN THE EARS BACK:
> *v.* Regañar severamente.

PINCH:
> *v.* Robar. Arrestar. Pellizcar.

PINCH HITTER:
Bateador urgente o suplente.

PINEAPPLE:
s. Bomba pequeña. Granada.

PINK:
adj. Izquierdista moderado.

PINK SLIP:
s. Aviso de baja.

PINK TEA:
s. Asunto social muy formal.

PIN UP:
s. Foto de chica bonita para poner en la pared.

PIP:
s. Algo extraordinario.

PIPE:
s. Algo fácil de lograr.

PISS:
s. v. Orina. Orinar.

PISS AND VINEGAR:
adj. Lleno de energía.

PITCH:
s. El argumento de un vendedor.

PITCH IN THERE:
v. Hacer un esfuerzo especial.

PIX:
s. Fotografías. El cine.

PIXIE:
s. Duende. Estilo de peinado corto.

P. J.s:
s. Pijamas.

PLACE:
s. Residencia. Lugar.

PLACE:
v. Llegar en tercer lugar (carreras).

PLANT:
v. Enterrar un cadáver. Esconder algo.

PLATE, FASHION:
s. Persona muy elegante.

PLATTER:
s. Disco de música moderna. La cuarta base, home *(beisbol)*.

PLAY:
v. Tocar un instrumento. Divertirse.

PLAY AROUND:
v. Ser infiel al esposo(a).

PLAY BALL:
v. Cooperar.

PLAY FOR KEEPS:
v. Actuar en serio.

PLAY IT COOL:
v. Actuar sin mostrar ninguna emoción. Con confianza.

PLEAD THE FIFTH:
v. Rehusar a hablar o testificar ante la policía o la corte ateniéndose a los derechos que concede el *enmiendo quinto* a la constitución norteamericana.

PLENTY:
adj. Muchísimo. Completamente.

PLUCK:
v. Robar. Despilfarrar.

PLUM:
s. Un premio o recompensa.

PLUNGING NECKLINE:
s. Cuello muy descotado.

PLUNK DOWN:
v. Pagar al contado.

PLUSH:
adj. Lujoso. Rico. Costoso.

P. O. *(postoffice):*
Oficina de correo.

POCKET:
s. v. Encorralar. Lugar para guardar valores.

POINT:
s. La esencia o base.

POISON:
s. Mala suerte.

POKE ALONG:
v. Caminar despacio.

POKER FACE:
  adj., s. Cara sin expresión.

POLICE UP:
  v. Limpiar. Asear.

POLISH THE APPLE:
  v. Adular. Buscar favores.

POLISH OFF:
  v. Terminar. Matar.

POND:
  s. El océano. Una alberca.

PONY:
  s. Acordeón que usan los estudiantes para un examen.

POOP:
  s. Información. Datos.

POOPED:
  v. adj. Cansado.

POOR BOOY:
  s. Un sándwich gigante, especialidad de Nueva Orleáns.

POP:
  s. Padre. Pistola. Refresco. Popular.

POP OFF:
  v. Morir. Matar. Criticar. Hablar.

POP TO:
  v. Orden de cuadrarse (milicia).

POP UP:
  v. Aparecer inesperadamente.

POT:
  s. Mariguana. Mujer fea.

POT BELLY:
  s. Panza grande.

POT LUCK:
  s. Comida de lo que haya en el refrigerador.

POUND:
  v. Andar por las calles.

POUR IT ON:
  v. Regañar. Exigir. Castigar.

P. O. W. *(Prisoner of War):*
  Prisionero de guerra.

POWDER, TO TAKE:
   v. Escaparse. Huir.
POWER HOUSE:
   s. Un equipo fuerte. Cualquier grupo que tiene mucho poder.
POW WOW:
   s. Una conferencia o junta.
PRAIRIE:
   s. Un lote baldío.
PRATT:
   s. Las nalgas.
PRAYER, NOT A:
   s. Sin oportunidad de lograrlo.
PRELIM:
   adj. Preliminario.
PREMED:
   s. Curso de premedicina.
PREP:
   s. Escuela secundaria.
PREZ:
   s. Presidente. Persona importante.
PRICK:
   s. El pene. Persona indeseable.
PRINCE:
   s. Persona agradable.
PRIVATE EYE:
   s. Detective privado.
PROP:
   s. Artefacto o equipo para un escenario. Propiedad.
PRO:
   s. adj. Profiláctico. Condón. Profesión.
PROPOSITION:
   s. Una oferta. Un plan. Proponerle la cama a una chica.
PSYCHO:
   s. Loco. Excéntrico.
PUG:
   s. Boxeador acabado.

PUKE:
  v. Vomitar.

PULL:
  s. Influencia política.

PULP:
  s. Revista corriente.

PUMP:
  v. Interrogar. Sacar información.

PUNCH:
  v. s. Fuerza. Vigor. Golpear.

PUNCH DRUNK:
  s. Boxeador atontado por los golpes que ha recibido.

PUNCH LINE:
  s. El clímax de un chiste. El fin inesperado de un cuento.

PUNISH:
  v. Castigar.

PUNK:
  s. Pandillero. Joven sin experiencia.

PUP:
  s. Perrito. Joven sin experiencia.

PURGE:
  s. Eliminar. Matar.

PUSH:
  v. Forzar una acción. Forzar la venta. Pasar dinero falso.

PUSHOVER:
  s. Chica fácil.

PUT ACROSS:
  v. Lograr. Convencer. Tener éxito.

PUT ON:
  v. Ponerse ropa. Fingir.

PUT OUT:
  v. Ofrecer. Distribuir. Darse sexualmente.

PUT UP:
  v. Dar hospedaje. Hacer una apuesta.

PUT UP OR SHUT UP!:
  ex. ¡Ponga su dinero o cállese!

PUT UP WITH:
  v. Aguantar a alguien.

Q

QUAIL:
s. Chica fácil menor de edad.

QUARTERBACK:
s. El capitán de un equipo de futbol americano.

QUEEN:
s. Homosexual. Mujer elegante.

QUEER:
s. Homosexual. Dinero falso.

QUICK BUCK:
s. Dinero fácil.

QUICKY:
s. Un trago rápido. Hacer el sexo rápidamente.

QUINT:
s. Quinteto. Equipo de basquetbol.

QUIZ:
s. Examen. Interrogación.

QUOTE:
v. Citar palabras textuales. Declarar.

R

RABBIT FOOD:
s. Ensalada. Verduras.

RACKET:
s. Negocio sucio. Trabajo fácil. Ruido.

RAG:
s. Ropa. Bandera. Periódico. Naipe.

RAG TIME:
s. La música que precedió al jazz.

RAILROAD:
v. Condenar sin pruebas. Forzar algo. Usar testimonio falso.

RAIN CHECK:
s. La parte del boleto que permite regresar el día siguiente si el juego (beisbol) se cancela por lluvia. Invitación para otro día.

RAISE HELL:
v. Hacer un escándalo. Criticar severamente.

RAKE-OFF:
  s. El porcentaje de un casino. Una comisión o una mordida.
RANK:
  s. adj. Rango militar. Algo que está podrido.
RAP:
  s. Sentencia. Castigo. Golpe.
RAP:
  v. Matar. Golpear.
RASBERRY:
  v. Echar una trompetilla.
RAT:
  s. Persona odiosa, traidora.
RAT:
  s. Soplón. Persona no deseable.
RATE:
  v. Tener derecho a algo. Ser estimado.
RAVE:
  v. Gritar. Hacer un escándalo.
RAW:
  adj. Desnudo. Crudo. De mal gusto.
RAZZ:
  v. Expresar desprecio. Echar chiflidos.
RAZZLE DAZZLE:
  s. Jugada espectacular.
READ:
  v. Comprender. Determinar.
READY:
  adj. Listo. Preparado.
READY FREDDY!:
  ex. ¡Ya estoy listo!
REAL:
  adj. Verdadero. Auténtico.
REAR:
  s. Trasero.
RED:
  s. Comunista.
RED, IN THE:
  adv. Endeudado.

RED CARPET:
> *s. v.* Darle a una persona una recepción de reyes.

RED EYE:
> *s.* Whisky. Vino rojo. Ketchup.

RED FACED:
> *adj.* Avergonzado. Tímido.

RED HOT:
> *adj.* Sensacional.

RED LETTER DAY:
> *s.* Día muy importante.

RED LIGHT:
> *s.* Señal de peligro o de parada.

REDLINE:
> *v.* Tachar el nombre de la nómina.

REDNECK:
> *s., adj.* Enojado. Campesino.

RED TAPE:
> *s.* Ineficiencia burocrática.

REEFER:
> *s.* Cigarro de mariguana.

REHASH:
> *v.* Repetir. Volver a discutir.

REP:
> *s.* Reputación.

RETREAD:
> *s.* Llanta recubierta. Soldado jubilado.

RHUBARB:
> *s.* Pueblo de la provincia. Un argumento muy fuerte.

RIB:
> *v.* Burlar. Ridiculizar.

RIDE:
> *v.* Criticar. Abusar.

RIG:
> *s. v.* Equipo. Alistar. Preparar.

RIGHT:
> *adj.* Hombre correcto, de confianza.

RIGHT GUY:
> *s.* Hombre honrado.

RIGHT TIME:
    s. El momento propicio.

RIFF:
    v. Improvisar *(música).*

RING:
    v. Sustituir.

RING THE BELL:
    v. Tener éxito. Comprender algo repentinamente.

RINGER:
    s. Un parecido.

RIPE:
    adj. Listo. Maduro.

RISE:
    v. Enojarse. Indignarse.

RITZ:
    adj. Elegante. Rico. De lujo.

ROAD APPLES:
    s. Estiércol duro de caballo o vaca.

ROAD HOG:
    s. Persona que acapara todo el camino.

ROCK:
    s. Diamante. Joya. Rock and roll.

ROCK AND ROLL:
    s. Baile de la década de 1960.

ROCKS IN THE HEAD:
    adj. Tonto.

ROD:
    s. Pistola.

RODGER!:
    ex. ¡Sí! ¡Entiendo! ¡Bien!

ROK:
    s. Sudcoreano.

ROLL:
    v. Robar a un borracho. Hacer un cigarro. Un rollo de billetes.

ROLL IN:
    v. Acostarse.

ROLL OUT:
    v. Levantarse.

ROLL (IT) UP:
    v. Terminar con algo.
ROOK:
    v. Estafar.
ROOKIE:
    s. Un novato.
ROOST:
    s. Dormitorio. Casa humilde.
ROOT:
    v. Aplaudir. Animar.
ROPE:
    s. v. Un puro. Estafar.
ROT:
    s. Tontería. Algo inferior.
ROUGH:
    adj. Peligroso. Obsceno. Duro.
ROUGHHOUSE:
    s. Un pleito violento.
ROUGH NECK:
    s. Persona rústica sin cultura.
ROUGH SPOT:
    s. Lugar difícil. Situación difícil.
ROUGH STUFF:
    s. Asuntos violentos, peligros.
ROUND HEELS:
    adj. Chica con talones redondos, de manera, que cae a la cama fácilmente.
ROUNDHOUSE:
    s. Golpe violento *(box).*
ROUND ROBIN:
    s. Competencia progresivamente difícil.
ROUND UP:
    v. Juntar. Recoger. Buscar.
ROWDY:
    adj. Peleonero. Alborotado. Escándalo.
ROYAL:
    adj. En gran escala. De gran manera.
RUB:
    s. Herida. Lo difícil.

RUB IT IN:
v. Atormentar. Ridiculizar.

RUMBLE:
s. Rumor. Queja. Pleito.

RUN:
s. Ruta. Carrera. Viaje.

RUN-AROUND:
s. Evasión. Demora.

RUN OUT:
v. Agotarse. Escaparse. Evadir responsabilidad.

RUN OF THE MILL:
adj. Mediocre. Cosa promedio.

RUNT:
s. Persona pequeña. Enano. Animal subdesarrollado.

RUSH:
v. Apresurarse. Ser agresivo.

S

SACK:
v. Correr a un empleado.
s. La cama. Una litera o catre.

SAIL INTO:
v. Atacar. Criticar. Regañar.

SALOON (So long):
ex. Hasta luego.

SALTED DOWN:
adj. Muerto.

SALT HORSE:
s. Carne enlatada.

SALT MINES:
s. El trabajo. La oficina o la fábrica donde se trabaja.

SALTY:
adj. Audaz. Excitante. Valiente.

SALVE:
s. Mantequilla. Plática halagadora.

SAMMY:
s. Joven estudiante de raza judía.

SAND:
s. Azúcar. Sal.

SANDBAG:
s. v. Almohada. Golpear con una macana.

SAN QUENTIN QUAIL:
s. Chicas menores de edad que son carnada para San Quintín.

SAP:
s. Tonto. Un garrote. Garrotear.

SARGE:
s. Sargento.

SATCHEL MOUTH:
s. Trompudo. Hablador.

SAUCE:
s. Licor. *On the sauce:* Estar ebrio.

SAVE IT!:
ex. ¡Basta! ¡Ya pare de hablar!

SAWBONES:
s. Cirujano. Doctor.

SAWBUCK:
s. Billete de 10 o 20 dólares.

SAWDUST:
s. Azúcar. El piso de cantina o el suelo del ring *(box)*.

SAWED OFF:
adj. Chaparro. Reducido.

SAW WOOD:
v. Roncar. Dormir profundamente.

SAX:
s. Saxofón.

SAY A MOUTHFUL:
v. Decir una gran verdad.

SAY SO:
v. s. Decir la verdad. La palabra de una persona.

SAYS WHO?
ex. ¿Quién dice?

SAYS YOU!:
ex. ¡Eso es lo que tú dices!

SAY UNCLE:
v. Rendirse. Darse por vencido.

SCAB:
  s. Obrero no sindicalizado.
SCALE, THE:
  s. El salario mínimo.
SCALPER:
  s. Vendedor de billetes de lotería. Recibidor de apuestas.
SCANDAL SHEET:
  s. La cuenta de los viáticos. La nómina.
SCARE:
  s. v. Susto. Extorsión. Asustar. Extorsionar.
SCARE UP:
  v. Localizar algo. Preparar algo de comer.
SCAT:
  s. Los sonidos del jazz.
SCAT!:
  ex. ¡Váyase! ¡Lárguese!
SCATTER:
  s. Ametralladora. Cantina.
SCENE:
  s. Lugar de congregación.
SCHIZO:
  s., adj. Esquizofrénico. Loco.
SCHLEMAZEL:
  Mala suerte. Persona torpe.
SCHEMIEL:
  s. Un tonto.
SCHLEP:
  s. Un buscagangas.
SCHLOCK:
  s. Mercancía inferior, barata.
SCHLOOMP:
  s. Perder tiempo. Flojear.
SCHLUB:
  s. De segunda o tercera categoría.
SCHMALTZ:
  s. Un sentimentalista que todos explotan.
SCHMOE:
  s. Un tonto. Un flojo.

SCHMOOZLE:
v. Chismear. Comadrear.
SCHNOOK:
s. Tonto. Cobarde. Tímido.
SCHNORER:
s. Un vividor o aventurero.
SCHNOZZLE:
s. Nariz grande. Trompa.
SCOOP:
v. Encontrar una noticia importante antes que otros reporteros. La noticia que se encontró.
SCORCHER:
s. Un picheo rapidísimo (beisbol). Un día sumamente caluroso.
SCORE:
v. s. Anotar. Tener éxito. Matar. La víctima. La cosa robada. La anotación. Conseguir a una chica difícil.
SCOTCH:
s., adj. Tacaño. Whisky escocés.
SCRAM:
ex. ¡Váyase! ¡Lárguese!
SCRAMBLE:
s. Un barullo, confusión, mezclar.
SCRAMBLE:
v. Caminar rápidamente. Huir.
SCRAMBLED EGGS:
Las decoraciones del uniforme de un militar.
SCRAPE:
s. Un pleito. Una situación difícil.
SCRATCH:
s. Un préstamo. Un caballo tachado de una carrera.
SCRATCH FOR:
v. Luchar por algo. Trabajar con las uñas.
SCREAM:
adj. Chistoso. Divertido. Aterrador.
SCREAMING MEEMIES:
s. Delírium tremens.
SCREW:
v. Hacer el acto sexual. Defraudar.

SCREW:
s. Policía. Guardia.

SCREWEY:
adj. Loco. Tonto. Sin razón.

SCRIBE:
s. Escritor.

SCRIMP:
s. Baile formal o de gala.

SCRIPT:
s. Manuscrito. Receta médica que hace posible conseguir narcóticos.

SCROUNGE:
v. Sonsacar. Regatear. Pedir prestado sin intención de pagar.

SCRUMPTIOUS:
adj. Supermagnífico.

SCUFFLE:
v. Luchar. Pelear.

SCUTTLE:
v. s. Hundir un barco o tumbar un avión para que el enemigo no lo capture. Un pichel.

SCUTTLE BUTT:
s. Chisme. Informe sin fundación.

SEARCH ME!:
ex. ¡Quién sabe! ¡No sé!

SECOND FIDDLE:
adj. De rango inferior.

SECONDS:
s. La segunda servida.

SEE A MAN ABOUT A DOG:
v. Ir al baño.

SEE RED:
v. Enojarse. Ver centellas.

SEE YOU:
ex. ¡Ya nos veremos!

SELL:
v. Convencer.

SELL OUT:
v. Vender todo, agotarse la mercancía. Traicionar o vender a los amigos.

SENDER:
    s. Buen músico. Chica bonita.

SEND OFF:
    v. Despedir a alguien. Decir adiós.

SEND TO THE SHOWERS:
    v. Enviar a un jugador a las regaderas o sacarlo del juego.

SERIOUS:
    adj. Enamorado.

SESSION:
    s. Junta o reunión para oír o tocar música moderna o para fumar mariguana.

SET-UP:
    s. Una mesa puesta. Los útiles para poner la mesa.

SET UP:
    v. Planear. Hacer arreglos. Organizar.

SEW UP:
    v. Concluir un negocio favorablemente.

SEXY:
    adj. Sexualmente atractiva.

SHACK:
    s. Habitación humilde. Choza.

SHACK UP:
    Vivir con alguien fuera de matrimonio.

SHADOW:
    s. Un vividor. Uno que le sigue los pasos a otro.

SHADY:
    adj. Fraudulento. Mañoso. Al margen de la ley.

SHAG:
    s. Un baile. Una cita de novios.

SHAKE IT:
    ex. ¡Apresúrate!

SHAKEDOWN:
    s. Extorsión. Búsqueda. Registrar minuciosamente a un sospechoso la policía.

SHAKES, THE:
    s. Escalofríos. Nervios. Fiebre. El temblor de la cruda.

SHAKE-UP:
    s. Reorganización. Un cambio drástico.

SHAM:
  adj. Falso. No verdadero.
SHAMUS:
  s. Policía.
SHANGHAI:
  v. Raptar. Forzar a uno a servir en un barco.
SHAPE:
  s. Figura femenina. Chica con curvas.
SHARK:
  s. Un estafador. Un experto en los juegos. Tahúr.
SHARP:
  adj. Listo. Astuto.
SHEEP SKIN:
  s. Diploma.
SHEKEL:
  s. Dinero.
SHELL OUT:
  v. Pagar en efectivo.
SHILL:
  s. Cómplice de un tahúr. Jugadores.
SHINDIG:
  s. Un baile.
SHINE UP TO:
  v. Adular. Hacer la barba.
SHIV:
  s. Navaja. Daga. Arma blanca.
SHOCKER:
  adj. Excitante. Horrorizante.
SHOE STRING, ON A:
  adj. Trabajar con las uñas o sin recursos.
SHOOK UP:
  adj. Excitado. Sorprendido. Aterrorizado.
SHOOT THE BULL:
  v. Platicar. Chismear. Comadrear.
SHOOT THE BREEZE:
  v. Platicar. Chismear. Comadrear.
SHOOT THE WORKS:
  v. Entrarle sin límite. Apostar todo lo que tiene.

SHORTY:
    adj. Chaparro. Bata de dormir rabona.
SHORT CHANGE ARTIST:
    s. Estafador. Persona adepta a defraudar con el cambio.
SHOT:
    s. Un trago. Una inyección. Un balazo.
SHOT:
    adj. Cansado. Borracho. Derrotado.
SHOUT:
    v. Cantar "the blues".
SHOVE:
    v. Pasar dinero falso.
SHOVE IT!:
    ex. ¡Váyase al demonio! ¡Métaselo en el...!
SHOVE OFF:
    v. Partir.
SHOW:
    s. Espectáculo.
SHOW OFF:
    v. Exhibirse desnudo. Presumir.
SHOWDOWN:
    s. Un arreglo o entendimiento.
SHOWDOWN, TO HAVE A:
    v. Forzar un arreglo o convenio.
SHOW-OFF:
    s. Persona que le gusta atraer la atención.
SHOW UP LATE:
    v. Llegar tarde a una cita.
SHUCK:
    v. Desnudarse.
SHUT-EYE:
    s. v. Sueño. Dormir. Descansar.
SHUT OUT:
    v. Ganar sin que el equipo contrario haga un solo punto.
SHUT YOUR TRAP!:
    ex. ¡Cállate la boca!
SITTING PRETTY:
    ex. ¡Cállate!

SICK AND TIRED:
   adj. Aburrido. Cansado.
SILLY BUSINESS:
   s. Negocio tonto. Asunto loco.
SIGN OFF:
   s. La terminación de un programa de radio o televisión.
SIGN UP:
   v. Firmar. Registrarse. Inscribirse.
SIMON LEGREE:
   s. Un villano.
SINKER:
   s. Una dona.
SITTER:
   s. Oyente. Cuidadora de niños.
SIT IN:
   v. Asistir a una junta.
SIT TIGHT:
   v. No cambiar de opinión. Esperar. No hacer nada.
SITTING PRETTY:
   adj. En buena condición.
SIZE UP:
   v. Calcular las posibilidades.
SIZZLING:
   adj. Caliente. Peligroso. Excitante.
SKID ROW:
   s. Lugar donde se juntan los borrachos y los mendigos.
SKIDS, THE:
   El camino al fracaso.
SKIN:
   s. v. Billete de dólar. La vida. Defraudar. Ganarle a alguien
   por un gran margen.
SKIP:
   v. Saltar. Escapar. Salirse sin pagar.
SKIVVY:
   s. Ropa interior. Camiseta.
SKUNK:
   s. Persona odiosa. Ganar un juego sin que el contrario anote.
SKY PILOT:
   s. Ministro o fraile.

SKYSCRAPER:
  s. Rascacielos. Sándwich de varias capas.
SLACK SEASON:
  s. Temporada mala *(negocios).*
SLAM:
  s. v. Bajar todas las barajas *(bridge).* Golpear. Un insulto. Un golpe.
SLANT:
  s. Punto de vista.
SLAP HAPPY:
  adj. Atontado por razón de golpe.
SLAVE:
  v. Trabajar como esclavo.
SLAVE DRIVER:
  s. Mayordomo cruel. Esposa.
SLAY:
  v. Hacer una gran impresión.
SLEAZY:
  adj. Sucio. Acabado. Mal aspecto.
SLEEP:
  s. Un año de prisión.
SLEEPER:
  s. Un jugador oculto que se usa para sorprender.
SLEUTH:
  s. Detective.
SLICE:
  s. v. Una porción. Compartir. Dividir.
SLICK:
  adj. Suave. Listo. Audaz. Revista impresa en papel lustroso.
SLICK CHICK:
  s. Muchacha elegante.
SLINGER:
  s. Mesero(a).
SLINKY:
  adj. Movimiento femenino. Sensual.
SLIPSTICK:
  s. Regla de cálculo.
SLOB:
  s. Persona gorda, sucia.

SLOP:
s. Basura. Desperdicios. Comida mala. *Slop shop:* Restaurante muy malo.

SLOW BEAT:
s. Persona floja, repulsiva.

SLUG:
s. v. Bala. Golpe. Un trago. Golpear.

SLUM:
s. Gueto. Barrio pobre.

SLUMMING. GO:
v. Ir a visitar los barrios pobres.

SLUSH:
s. Lodo. Suciedad. Sentimentalismo.

SLUSH FUND:
s. Fondos secretos para soborno u otros propósitos ilegales.

SMACK:
v. Golpear. Besar.

SMALL FRY:
s. Niños. Personas sin importancia.

SMALL POTATOES:
s. Algo o alguien mediocre.

SMALL TIME:
adj. Menor. Mediocre.

SMART GUY:
s. Persona lista, audaz.

SMART MONEY:
s. Dinero en busca de grandes ganancias y pocos riesgos.

SMARTY:
s. Persona que se pasa de lista. Persona repugnante.

SMASH:
s. Un éxito. *Smash up:* Quebrar o destruir algo.

SMEAR:
v. Desacreditar. Golpear.

SMELLER:
s. Nariz.

SMOKE:
s. Cigarro. Licor de lo más corriente.

SMOKE EATER:
s. Bombero.

SMOKE OUT:
 v. Forzar a personas que están escondidas, a que salgan.
SMOOCH:
 v. Besar y acariciar.
SMOOTH:
 s. adj. Agradable. Listo. Elegante.
SNAFU *(Situación normal, All fucked up):*
 Asunto confuso, equivocado.
SNAKE POISON:
 s. Licor.
SNAP:
 s. Algo fácil.
SNAP IT UP!
 ex. ¡Apresúrese!
SNATCH:
 v. Raptar. Secuestrar. Robar.
SNAZZY:
 adj. Lujoso. Magnífico.
SNEAKY:
 adj. Persona falsa, de dos caras. Traidor.
SNITCH:
 v. Robar algo de poco valor.
SNOOZE:
 v. Dormitar. Una siesta.
SNORT:
 v. s. Un trago de licor. Un resoplido.
SNOW:
 s. Cocaína. También *Snowball.*
SNOW JOB:
 s. Cosa falsa.
SNOW UNDER:
 v. Forzar. Amontonar.
SNUB:
 v. Despreciar.
SOAK:
 v. Cobrar demasiado. Borracho.
SO AND SO:
 ex. Tal y tal. Fulano de tal.

SOAP OPERA:
    s. Telenovela.

SOB SISTER:
    s. Una llorona. Persona emotiva.

SOB STORY:
    s. Cuento o novela muy emotiva.

SOCK:
    v. Golpear. Cobrar demasiado.

SOCK AWAY:
    v. Guardar. Hacer alcancía.

SODA:
    s. Refresco.

SOFT PEDAL:
    v. Hacer más lento o suave.

SOFT SOAP:
    v. Palabras insinceras.

SOFT TOUCH:
    s. Persona fácil para sacarle dinero o favores.

S. O. P. *(Standard Operating Procedure):*
    s. Normas estándar. Procedimientos aceptados.

SOPH:
    s. Estudiante de segundo año.

SORE:
    adj. Enojado. Dolorido.

S. O. S.:
    ex. Llamada pidiendo auxilio.

SOUL KISS:
    s. Beso apasionado.

SOUND OFF:
    v. Gritar. Declarar. Regañar.

SOUP:
    s. Explosivo. Combustible.

SOUR PUSS:
    s. Persona desagradable.

SOUSED:
    adj. Bien borracho.

SOW BELLY:
    s. Tocino.

SPADES, IN:
  adj. Lo mejor.
SPARE TIRE:
  s. Panza gorda. Persona no bienvenida.
SPARKLER:
  s. Diamante.
SPARK PLUG:
  s. Persona que impulsa o inspira.
SPEC *(Specification)*:
  s. Especificación. Especulación.
SPECS:
  s. Anteojos.
SPEEDBALL:
  s. Persona muy veloz.
SPELL IT OUT:
  v. Explicar detalladamente.
SPIC AND SPAN:
  adj. Limpio. Aseado.
SPIC AND SPAN:
  s. Vecindad de negros y blancos o de latinos y anglos.
SPIEL:
  s. Discurso. La propaganda de un animador.
SPILL:
  s. v. Una caída. Dar información confidencial.
SPLASH:
  s. v. Un éxito. Algo excitante. El agua o el mar.
SPLIT:
  v. Dividir las utilidades. Una pequeña botella de cerveza.
SPLIT UP:
  s. Pleito entre esposos o entre socios.
SPONGE:
  v. s. Vivir de otros. Un parásito. Un vividor.
SPOOF:
  v. Engañar. Defraudar.
SPOOK:
  s. Persona silenciosa. Espanto.
SPOON:
  s. Acariciar y besar con pasión, habitualmente en un coche.

SPORT:
 s. Persona elegante. Persona aficionada al deporte.
SPOT:
 s. Trago de licor. Lugar de diversión. Situación peligrosa.
SPRING:
 v. Liberar a alguien de la cárcel. Sorprender.
SPUNK:
 s. Valor. Perseverancia.
SQUARE:
 adj. Tonto. Anticuado. Conservador. Fuera de onda.
SQUAWK:
 v. Gritar. Quejarse. Admitir culpabilidad.
SQUEAL:
 v. Chillar. Informar contra los compañeros. Declarar ante la policía.
SQUEEZE:
 v. Apretar. Forzar. Exprimir.
SQUIRE:
 v. Acompañar a una chica.
SQUIRT:
 s. Persona de estatura corta. Joven tonto.
STACKED:
 adj. De cuerpo maravilloso.
STAG:
 v. Ir solo a un baile.
STAKE:
 s. Un préstamo para establecer un negocio o una operación.
STALL:
 v. Demorar. Obstruir por demora.
STAND-OUT:
 adj. Sobresaliente.
STAND PAT:
 v. Mantener su posición.
STANZA:
 s. Unidad de tiempo. Verso.
STAR GAZER:
 s. Un idealista o soñador.
STASH:
 s. Guardar. Ocultar.

STEADY:
 s. Novio(a) formal.
STEER:
 v. Dirigir. Sugerir. Aconsejar.
STEM:
 v. s. Detener. Calle principal.
STEP ON IT!:
 ex. ¡Apresúrese!
STEP OUT:
 v. Salir a divertirse.
STEWED:
 Sumamente borracho.
STICK TO:
 v. Pegarse a. Quedarse con.
STICK:
 s. Bat (beisbol). Regla de cálculo. Cigarro de mariguana.
 Macana.
STICKS, IN THE:
 adv. En la provincia.
STICK OUT:
 v. Sobresalir.
STICK UP:
 v. Robar. Asaltar.
STIFF:
 s. Borracho.
STINKER:
 s. Persona desagradable.
STINKING RICH:
 adj. Riquísimo con dinero sucio.
STIR:
 s. La cárcel. La prisión.
STOOL:
 s. Soplón. Informador.
STOVE PIPE:
 s. Mortero (militar).
STOVE PIPE HAT:
 s. Sombrero de copa.
STOW:
 v. Guardar. Callar.

STRAIGHT:
   s. Corrida (baraja). Honrado.

STRAIGHT FROM THE HORSE'S MOUTH:
   ad. Verídico. Verdaderamente.

STRIKE:
   s. v. Huelga. Golpe. Jugada de boliche. Descubrimiento de minerales.

STRIP:
   v. Desnudarse.

STRIP, THE:
   s. La calle principal de diversión o de espectáculos nocturnos.

STUCK ON:
   adj. Fatuo. Enamorado.

STUCK UP:
   adj. Orgulloso. Presumido.

STUD:
   Un hombre sexualmente dotado. Un juego de baraja póker.

STUFF:
   s. Artículo. Mercancía. Chica fácil.

STUFFED SHIRT:
   s. Persona presumida, aburrida, artificial.

STUNNING:
   adj. Excepcional. Excitante.

SUB:
   s. v. Submarino. Sustituto.

SUB STANDARD:
   adj. Bajo de lo normal.

SUCK:
   v. Adular. Lambisconear. Acto sexual.

SUCKER:
   s. Persona tonta o fácil.

SUGAR:
   s. Dinero. Novia.

SUGAR DADDY:
   s. Hombre rico que patrocina o da mucho dinero a una chica.

SUPER:
   adj. Maravilloso. Sobresaliente.

SURE THING:
   s. Cosa segura.

SWAK *(Sealed With A Kiss):*
Sellado con un beso.

SWALLOW:
v. Creer una mentira.

SWANK:
adj. Elegante. Costoso.

SWAP:
v. Cambiar. Hacer intercambio.

SWAT:
v. Golpear. Cachetear. Dar un hit *(beisbol).*

SWEAT:
v. Esforzarse por conseguir algo. Interrogar a un prisionero.

SWEAT IT OUT:
v. Aguantarse. Resistir.

SWEETHEART:
s. Novio(a).

SWELL:
adj. Excelente. Agradable.

SWINDLE:
v. Defraudar.

SWINDLE SHEET:
s. Cuenta de gastos.

SWING:
s. v. Tipo de música. Lograr un negocio.

SWIPE:
v. Robar algo de poco valor.

SWITCH:
v. Cambiar. Soplar. Traicionar.

SWITCH BLADE:
s. Navaja o cuchillo que usan los matones.

T

TAB:
s. Cuenta. Pagaré.

TAG:
s. El nombre. Identificación.

TAIL:
v. Seguir a alguien paso por paso.

TAILS:
s. Frac.
TAILOR MADE:
adj. Hecho a la medida.
TAKE:
s. La utilidad. El botín de un robo.
TAKE FIVE!:
ex. ¡Descansen cinco minutos!
TAKE IT ON THE CHIN:
v. Aguantarse.
TAKEOFF:
s. El despegue de un avión.
TAKE OFF:
v. Huir. Salir apresuradamente.
TAKE ON:
v. Pretender. Darse aires.
TAKE TO:
v. Gustar. Ser atraído.
TAKE TO THE CLEANERS:
v. Limpiar a alguien de su dinero. Dar una paliza.
TALK:
v. Chismear. Soplar. Comadrear.
TANGLE:
v. Pelear. Desafiar. Competir.
TANK TOWN:
s. Pueblito.
TART:
s. Prostituta.
TASTE:
s. Una muestra pequeña.
T. D. (Touchdown):
Anotación en futbol americano.
TEAR:
s. Una perla.
TEAR OFF:
v. Obtener, efectuar. Salir violentamente.
TEASER:
s. Chica que invita pero no cumple.

TEENAGER:
   s. Quinceañero.
TELL OFF:
   v. Regañar. Informar.
TEN PERCENTER:
   s. Representante o agente que gana el 10 por ciento.
TEN SPOT:
   s. Diez dólares.
THAT AIN'T HAY:
   ex. No es heno, es dinero.
THAT KILLS IT:
   ex. Eso lo termina todo.
THAT'S ALL!:
   ex. ¡Eso es todo!
THAT'S THE BOY!
   ex. ¡Bravo, muchacho!
THERE, TO GET:
   v. Tener éxito. Lograr su meta.
THICK HEAD:
   s. Tonto. Pensador lento.
TICKLED:
   v. Muy contento.
THIN:
   adj. Sin dinero. Sin base.
THIRD DEGREE:
   s. Interrogación con violencia.
THIRD RAIL:
   s. Bebida fuerte. Persona honrada.
THIRD SEX:
   s. Homosexual.
THIRD WHEEL:
   s. Algo inútil.
THIRTY (30):
   El fin (periodismo).
THREE DOLLAR BILL:
   s. Algo raro.
THROUGH THE MILL:
   s. Experiencia dura.

THROW:
s. Costo por unidad. Perder. Sacrificar.

THROWAWAY:
s. Folleto o periódico que se regala.

THROW BACK:
s. Regreso genético.

THROW IN THE SPONGE:
v. Darse por vencido.

THROW THE BOOK:
s. Una sentencia severa.

THROW THE BULL:
v. Hablar tonterías.

THUMB A RIDE:
v. Pedir un aventón.

THUNDER:
ex. Expresión de sorpresa o de excitación.

TICKER:
s. El corazón. Un reloj.

TICKET:
s. Baraja. Baja del servicio militar. Lo auténtico o lo bueno.

TICKLED:
adj. Contento.

TICKLE THE IVORY:
v. Tocar el piano.

TIED:
v. Casado. Atado a un trabajo.

TIGER:
s. Licor barato. La suerte.

TIGHT SPOT:
s. Dificultad. Peligro.

TIGHTWAD:
s. Tacaño. Avaro.

TIMBER!:
ex. Expresión de éxito.

TIME OF DAY:
s. Saludo. La hora.

TIN HORN:
s. Jugador malo.

TIN PAN ALLEY:
    s. Donde se editan las canciones y los libros. *Times Square.*

TIP:
    s. Pista. Información secreta. Propina.

TIP OFF:
    v. Dar aviso. Informar.

TIT:
    s. Seno.

TIZZY:
    s. Momento de excitación.

TKO: *(Technical knock-out):*
    Un knock-out técnico.

TOGS:
    s. Ropa.

TOKUS:
    s. Nalgas.

TOMATO:
    s. Chica bonita. Boxeador malo.

TOMCAT AROUND:
    v. Ir de parranda. Ir en busca de chicas.

TOMMY GUN:
    s. Subametralladora.

TON OF BRICKS:
    adj. Un golpe muy fuerte.

TOOL:
    s. Cómplice. Ayudante. Achichincle.

TOO MUCH:
    adj. Demasiado.

TOOTSIES:
    s. Los pies.

TOP:
    v. Mejorar, aumentar. Lo mejor.

TOP KICK:
    s. Sargento. Jefe.

TORCH:
    s. Pistola.

TORCH, CARRY THE:
    v. Sufrir por un amor imposible.

TOUGH:
adj. Rudo. Indomable. Difícil.

TOUR:
s. Viaje. Día de trabajo.

TRAILER:
s. Casa caravana. Corto de película.

TRAMP:
s. Muchacha fácil. Prostituta. Vagabundo.

TRANQUILIZER:
s. Pistola.

TREAT:
v. Convidar. Algo agradable.

TRICK:
s. Truco. Una actuación de una prostituta. Un término en la prisión.

TRIGGER:
s. Matón. Pistolero. Matar o balacear.

TRIM:
v. Ganar por amplio margen.

TRIPE:
s. Mentira. Cosa sin valor.

TROTS:
s. Diarrea.

TRUMP UP:
v. Imaginar. Planear.

TRY OUT:
v. Probar. Experimentar.

TUB:
s. Buque de guerra.

TUMBLE:
v. Entender. Una introducción. Una oportunidad.

TUNE UP:
s. Afinación de un carro. Poner algo en perfectas condiciones.

TUNE IN:
v. Encontrar cierta estación en el radio o televisión. Entender. Oír.

TURK:
s. Hombre fuerte. Un degenerado.

TURN IN:
v. Acostarse.

TURN ON:
v. Fumar mariguana. Impulsar algún artefacto. Prender la luz.

TURN ON THE HEAT:
v. Aplicar presión.

TURNOUT:
s. Cantidad de público o audiencia.

TUX *(Tuxedo):*
s. Smoking. Un arnés para sujetar a un loco.

TWO BITS WORTH:
adj. Barato. Inferior.

TWO-TIME:
v. Engañar al esposo(a) con otro(a).

TYPEWRITER:
s. Ametralladora.

U

UGLY:
adj. Malhumorado. Malo de carácter.

UMP:
s. Árbitro. Mediador.

UNCLE:
s. Un negro viejo. Comerciante que recibe cosas robadas. Negro conformista.

UNDIES:
s. Ropa interior de mujer.

UNFROCKED:
v. Expulsado.

UP AND DOWN, LOOK:
v. Mirar de arriba a abajo. Examinar minuciosamente.

UPS AND DOWNS:
s. Las subidas y las bajadas de la vida.

UP AND UP:
adj. Correcto. Honrado.

UP A TREE:
adj. Confuso. En un dilema.

UP BEAT:
s. Primera nota musical. Algo agradable.

UP TO DATE:
adj. Moderno. Al día.

UPLIFT:
s. Brassier que levanta.

UPPITY:
s. Un snob. Un orgulloso.

UP THE CREEK:
adj. En un dilema. Mala suerte. En dificultades.

UP THERE:
s. El cielo. La gloria.

UP THE RIVER:
s. La prisión.

UP TO IT:
adj. Capaz de hacerlo.

UTMOST:
adj. Lo máximo. Lo más moderno.

V

VACATION:
s. Término en la prisión.

VAG:
s. Vago. Vagancia.

VALENTINE:
s. Noticia de despido.

VANILLA:
ex. No lo creo. ¡Mentiras!

VARSITY:
s. Equipo universitario.

V. D. (Veneral Disease):
Enfermedad venérea.

VEEP:
s. Vicepresidente.

VELVET:
s. Pura ganancia. Dinero.

VERBAL DIARRHEA:
adj. Muy hablador.

VET:
    s. Veterano de la guerra.

V-GIRL:
    Chica que reparte sus favores entre los soldados como acto
de patriotismo.

VIP *(Very Important Person):*
    Una persona sumamente importante.

VIPER:
    Un drogadicto. Persona malvada.

VISITING FIREMEN:
    s. Invitados importantes.

VULCANIZED:
    adj. Borracho.

W

WAC *(Women's Auxiliary Corps):*
    Soldada.

WAD:
    s. Rollo de billetes.

WAIL:
    v. Tocar un instrumento. Huir.

WAIT UP:
    v. Desvelarse esperando.

WAKE UP:
    v. Despertar.

WALKING DANDRUFF:
    s. Piojos.

WALKING PAPERS:
    s. Noticia de despido.

WALL FLOWER:
    s. Muchacha que se queda sin bailar.

WALLOP:
    s. Un hit. Un golpe fuerte.

WALTZ:
    s. Un round *(box).*

WAR HORSE:
    s. Un veterano muy activo.

WASH OUT:
s. Fracaso. Bancarrota.

WAX:
s. Disco musical.

WAY OUT:
adj. Música enloquecida. Vestido exagerado. Fuera de la realidad.

WEAK SISTER:
s. Cobarde. Tabaco.

WEED:
s. Mariguana. Tabaco.

WEINER:
s. Mala situación. Persona desagradable.

WEE WEE:
v. Hacer pipí.

WELL FIXED:
adj. Rico.

WELSH:
v. Hacerse atrás. No cumplir.

WENCH:
s. Muchacha fácil. Muchacha mal vestida.

WEST COAST:
s. California. Tipo de jazz.

WESTERN:
s. Novela de vaqueros.

WET BACK:
s. Espaldas. mojadas. Inmigrados ilegalmente a Estados Unidos.

WET BEHIND THE EARS:
s. Joven. Novato. Sin experiencia.

WET BLANKET:
s. Persona sin interés, aburrida.

WHACK:
s. Un golpe. Una oportunidad.

WHAMMY, PUT THE:
v. Hechizar. Maldecir.

WHACHAMACALLIT:
s. Cualquier cosa.

WHACHAMACALLIM:
Persona cuyo nombre no se recuerda.

WHAT COOKS? :
ex. ¿Qué pasa?

WHAT IT TAKES:
s. Lo necesario.

WHAT'S UP?
ex. ¿Qué pasa?

WHAT THE HELL!:
ex. ¡Qué demonios!

WHEEL:
s. El líder. El jefe. Bicicleta.

WHEELER DEALER:
s. Un magnate.

WHIP UP:
v. Planear. Idear. Hacer algo rápidamente.

WHISKY TENOR:
s. Voz ronca de beber o fumar demasiado.

WHISTLE STOP:
s. Pueblito donde para el tren unos cuantos minutos.

WHITE COLLAR WORKER·
s. Oficinista.

WHITE HAIRED BOY:
s. Persona preferida o consentida.

WHITE SLAVE:
s. Chica forzada a la prostitución.

WHITE SLAVER:
s. Persona que recluta a chicas para la prostitución.

WHITE STUFF:
s. Cocaína.

WHITEWASH:
v. Ocultar la culpa o el mal carácter de alguien por medio de propaganda falsa.

WHIZ:
s. Persona extraordinaria.

WHOMP:
v. Ganar una competencia sin dificultad.

WHORE:
s. Prostituta.

WHY SURE!:
 ex. ¡Seguro que sí!
WIDE OPEN:
 adj. Con el acelerador abierto. Sin límites.
WIG:
 s. Peluca.
WILD:
 s. Excitante. Loco.
WILDCAT:
 s. Independiente. Sin el apoyo de las grandes compañías. Una huelga no autorizada.
WILLIE:
 s. Carne enlatada.
WINDBAG:
 s. Persona que habla demasiado.
WINDOWS: .
 s. Anteojos.
WIND UP:
 v. Concluir. Terminar.
WINDY:
 adj. Demasiada plática. Algo exagerado.
WING DING:
 s. Momento de excitación por enojo o frustración.
WING DINGER:
 s. Fiesta ruidosa. Algo grande o importante.
WIPE IT OFF!:
 ex. ¡Límpiese la risa de la cara! ¡No se ría!
WIPE OUT:
 v. Asesinar. Matar.
WISE GUY:
 s. Persona egoísta, que se cree gran cosa.
WISE CRACK:
 v. Un chiste o broma.
WISE UP:
 v. Encontrar la verdad. Informar.
WISH BOOK:
 s. Un catálogo.
WITH A BANG:
 adj. Con ánimo. Con vida.

WIZARD:
    s. Persona inteligente. Sabio. Expresión afirmativa.

WOLF:
    s. Un enamorado. Un donjuan tenorio.

WOODEN COAT:
    s. Un ataúd.

WOOZY:
    adj. Atontado. Mareado.

WORKOUT:
    s. Una paliza.

WORKS, THE:
    s. Todo sin límite.

WORKS, GIVE (ONE) THE:
    v. Matar.

WORLD BEATER:
    adj. Lo mejor. Campeón.

WORM:
    s. Persona odiosa.

WORM OUT:
    v. Extraer información.

WORRY WART:
    s. Persona que siempre está preocupada.

WOW:
    adj. Excitante. Magnífico.

WOW!:
    ex. ¡Qué magnífico! ¡Qué padre!

WRAP IT UP:
    v. Concluir o terminar algo.

WRECK:
    s. Vehículo viejo. Persona acabada.

WRING:
    v. Exprimir. Sacar dinero. Forzar información.

WRINGER, TIT IN THE:
    s. Una situación muy difícil o dolorosa. También *Prick in the wringer.*

WRITE-UP:
    s. Artículo o reportaje de periódico o revista.

WRONG NUMBER:
    s. Persona equivocada. Información equivocada.

WRONG SIDE OF THE BED, GET UP ON THE:
v. Levantarse de mal humor.

Y

YAK:
v. Chismear. Comadrear.

YANK:
s. Norteamericano.

YAP:
s. Víctima. Quejarse.

YARD BIRD:
s. Soldado. Prisionero. Novato. Charlie "Yarbird" Parker, gran hombre del jazz tuvo ese apodo por cumplir condena en la prisión.

YEGG:
s. Ladrón. Matón. Hampón.

YELLOW:
adj. Cobarde.

YELLOW DOG:
s. Persona o cosa inferior. Cosa que desecha un ladrón al robar algo mejor.

YEN:
s. Un deseo. Fascinación. Ansiedad.

YENTZ:
v. Defraudar. Cometer el acto sexual.

YOU BET!:
ex. ¡Seguro que sí!

YOU SAID IT!:
ex. ¡Absolutamente!

YUM YUM:
s. Algo delicioso.

Parte tercera

LOS MODISMOS MODERNOS

Últimamente han surgido en Estados Unidos nuevos grupos
y nuevos movimientos o costumbres, expresiones de la inquietud
y de la nueva manera de vivir. Cada uno de estos grupos y movimientos ha ideado nuevos modismos, o slang, que gradual-
mente se están incorporando al idioma. Algunos son:

La liberación del sexo.

La liberación de las mujeres, o la rebelión de las mujeres
contra el dominio masculino.

La juventud derrotista, inconformista. Primero fueron los
hep, luego los hip, y ahora los hippies.

La época espacial.

La CB (Citizen's Band). Esta es la última locura. CB signi-
fica la banda o frecuencia de onda corta en el radio que se
puede usar libremente por todos los ciudadanos. El número
de aficionados ha crecido como hierba. Se calcula que ya hay
cerca de diez millones. Los camioneros y los automovilistas lo
usan al platicar mientras caminan, y para dar aviso de peligros
o de patrullas en la carretera. Amas de casa, oficinistas y hasta
los niños hablan por CB. Estos aficionados han inventado lo
que casi es un nuevo idioma: CB Slanguage. Por ejemplo, este
mensaje fue enviado por un automovilista:

I'm highballing along an' the bear creeps up with
lit candles an' hands me an invitation.

Traducción:

Estoy caminando muy veloz y me alcanza un policía
en una patrulla con muchas luces y me levanta
una infracción.

A

ABBIE:
 s. Aborto.

A MUST:
 s. Las necesidades del cuerpo.

ACE:
 s. Persona sola. Hoyo en uno *(golf)*.

ACID:
 s. LSD.

ACID CHEWER:
 s. Adicto al LSD.

ADULT PLEASURE:
 s. El sexo.

AIR SNATCH:
 s. Secuestro de un avión.

ALL CLEAN:
 No hay patrullas (CB).

ALLIGATOR:
 s. Persona que habla demasiado (CB).

ANZAC:
 s. Un australiano.

ANGEL CITY:
 s. Los Ángeles, Cal.

ANKLE BITER:
 s. Un niño.

APE:
 s. Frenético. Incontrolable.

ARKANSAS CREDIT CARD:
 Una manguera de hule para robar gasolina (CB).

ARVN:
 s. El ejército de Vietnam.

AUNT JANE:
 s. Mariguana.

B

BABY SITTER:
s. Cuidadora de niños.

BACK DOOR:
El último vehículo en un grupo de varios (CB).

BACKSLIDE:
Viaje de regreso (CB).

BACKYARD:
El camino atrás (CB).

BACK OFF:
v. Retroceder. Correr.

BAD NEWS:
s. Situación desagradable.

BAD TALK:
s. Pesimismo.

BAG:
s. Mujer fea. Manera de vivir. La mujer del momento.

BALL:
v. El acto sexual.

BALLS:
s. Los testículos.

BALDIE:
s. Llanta lisa.

BAMBI:
Persona tonta (CB).

BAND AID:
Ambulancia (CB).

BANG UP:
Accidente (CB).

BAMBOO CURTAIN:
s. La China.

BAREBACK:
adj. Sin ropa. Sin condón.

BAREFOOT:
adj. Sin llantas.

BARN:
s. Un teatro amateur improvisado.

BASKET:
    s. Soborno.

BEACH BUGGY:
    s. Carcacha adaptada para caminar sobre la arena.

BEACH BUM:
    s. Un vago que vive en la playa.

BEACH BUNNY:
    s. Chica que vive con los *surfers* y pasa su tiempo en la playa.

BEADS, THE:
    s. El destino.

BEAN STORE:
    s. Restaurante.

BEAR:
    Policía. Patrullero (CB).

BEAR CAGE:
    La delegación de policía (CB).

BEAVER:
    s. Una chica.

BEAVER HUNT:
    v. Buscar una chica.

BED BUG:
    Un volkswagen (CB).

BELLY UP:
    Vehículo volcado (CB).

BETTER COOL IT:
    Baje la velocidad (CB).

BIG
    s. Hombre bien dotado. Persona importante.

BIG DOG:
    Camión Greyhound.

BIRD:
    s. La novia. Un avión.

BISCUITS AND GRAVY:
    Comida (CB).

BITCH:
    s. Mujer desagradable. Homosexual de mal genio.

BLADE:
s. Cuchillo. Navaja. Arma blanca.

BLAST:
s. El despegue de un cohete o de un proyectil.

BLAST THE DOORS OFF:
Pasar a otro carro. Rebasar a gran velocidad (CB).

BLIND:
El área del camino no visible (CB).

BLOOD BROTHER:
s. Compañero de la misma raza. Compañero político o religioso.

BLOW:
v. Inhalar mariguana. El acto del sexo oral.

BLOW YOUR STACK:
v. Ponerse furioso.

BLOW YOUR MONEY:
v. Derrochar su dinero.

BLUE BIRD:
Policía. Patrullero (CB).

BLUE SLIP:
Boleto de infracción (CB).

BODACIOUS:
adj. Magnífico. Excelente.

BOMB:
s. Un evento.

BOMBITA:
s. Pastilla de anfetamina.

BONDAGE:
s. Tipo de gratificación sexual que se consigue cuando la parte pasiva se pone completamente bajo el control de la parte agresiva, o sea, se vuelve esclavo.

BONDAGE AND DOMINION (B. AND D.):
s. La esclavitud y el dominio de *Bondage*.

BONE BOX:
Ambulancia (CB).

BONE YARD:
Cementerio. Lugar donde compran y venden carros viejos.

BONGOED:
s. Borracho.

BOOB:
 s. Tonto. Persona que no usa narcótico o mariguana.

BOONDOCKS:
 s. La provincia. Los pueblitos de la provincia.

BOONIE:
 s. Campesino.

BOOT REST:
 El acelerador (CB).

BOSS:
 adj. Excelente. Maravilloso.

BOTTOMS:
 s. Zapatos.

BOULEVARD OF BROKEN DREAMS:
 Una carretera con muchos patrulleros (CB).

BOX:
 s. Persona conservadora.

BREASTWORKS:
 s. Senos.

BREW:
 s. Cerveza.

BRING DOWN:
 v. Desanimar. Entristecer.

BRING IT UP:
 v. Arrime su vehículo.

BRODIE:
 s. Un fracaso.

BROWN BAGGER:
 s. Oficinista. Hombre casado.

BRUSH YOUR TEETH AND COMB YOUR HAIR:
 Baje su velocidad porque hay patrulleros adelante (CB).

BRUTAL:
 adj. Excepcional. Maravilloso.

BUBBLE TROUBLE:
 Dificultades con las llantas (CB).

BUCKET MOUTH:
 s. Persona muy habladora.

BUDDY:
 s. Camarada de CB. Compañero de viaje.

BUFF:
adj. Desnudo. En cueros.

BUGGY WHIP:
s. La antena de un coche.

BUGHOUSE:
s. Loco. Manicomio.

BULLS:
s. Policías.

BUNDLE:
s. Paquete de diez sobres con narcótico.

BUNNY:
s. Chica bonita. Una bañista que no sabe surfear.

BURN:
v. Cocinar. Calentar. Apresurarse.

BURRITO CITY:
s. El Paso, Texas.

BUSTED SIDEWALK:
Desviación (CB).

BUTCH:
s. Lesbiana agresiva. Un hombre homosexual agresivo.

BUTTERHEAD:
s. Un negro que no quiere a su raza.

BUTTON:
s. Un pedacito. Una porción.

C

C. B. (*Citizen's Band*):
El radio de onda corta que está disponible para todos y que se ha vuelto una locura en Estados Unidos de América.

C. Q.:
Señal que indica que está llamando a quien quiera contestar (CB).

CAB:
s. La cabina de un camión o avión. Taxi.

CABBIE:
s. El chofer de un taxi.

CACTUS JUICE:
   s. Licor. Tequila.
CACTUS PATCH:
   s. Phoenix, Arizona.
CAKE:
   s. Persona agradable.
CAMP IT UP:
   v. Participar en una fiesta o junta de homosexuales. Actuar afeminadamente.
CANCER STICK:
   s. Cigarro.
CANDY:
   s. Narcótico. Un cubo de azúcar empapado con LSD.
CAP:
   s. Una cápsula de narcótico.
CASTRO:
   adj. Barbudo.
CASH REGISTER:
   Caseta de pago (CB).
CAUGHT UP:
   v. Estar encinta.
CHARGE ACCOUNT:
   s. Fianza. Afianzador.
CHARGE:
   v. Manejar un hotrod (coche de carreras).
CHEATERS:
   s. Senos o caderas postizas. Anteojos.
CHEESE:
   s. Chica atractiva.
CHEESECAKE:
   s. Las piernas y muslos desnudos.
CHER:
   adj. Simpático.
CHEW THE FAT:
   v. Platicar. Comadrear.
CHOW DOWN:
   v. Comer muchísimo.
CHOP:
   v. Modificar un carro. Talento musical.

CHURCH:
s. Grupo conservador.

CHURCH KEY:
s. Abridor de latas.

CHUZPA:
s. Imprudencia. Falta de respeto.

CIAO *(chiao):*
ex. ¡Adiós! ¡Hasta luego!

CITIZEN:
s. Persona respetable, conservadora.

CLAM:
s. Una nota desafinada.

CLAM UP:
v. Rehusarse a hablar.

CLANK UP:
v. Quebrarse. Averiarse.

CLEAN:
La carretera está limpia de policías o de peligros (CB).

CLICK, A:
s. Una milla.

CLOSE:
adj. Muy agradable.

COCKLE BURR:
s. Píldora excitante.

COMPANY, THE:
s. La CIA.

CONNIE:
s. Condón.

CONFETTI:
s. Nieve.

CONTRACT:
v. Hacer arreglos para vivir juntos.

COOL:
adj. Tranquilo.

COOJIN:
v. Trabajar.

COOKIES:
Cigarros (CB).

CORN SYRUP:
 s. Licor. Whisky.

COP OUT:
 v. Desertar. Rajarse.

CORAZON:
 s. Valor. Coraje.

COTTON:
 s. Anfetamina. Bencedrina. Inhalar un narcótico.

COTTON CURTAIN:
 s. Los estados sureños de Estados Unidos de América.

COUNT DOWN:
 v. El conteo para disparar un cohete.

COUPON:
 El boleto de una infracción (CB).

COWABUNGA:
 ex. El grito de los surfers.

COWBOY:
 s. Persona que maneja locamente.

CRACKER BOX:
 Un minicarro (CB).

CROCK:
 s. Una tontería, una mentira.

CREAM:
 v. Golpear. Matar. Estafar.

CRIB:
 s. Burdel. Departamento barato.

CROSS-DRESSER:
 s. Hombre que se viste como mujer y viceversa.

JIM CROW:
 s. Persona negra que odia a los blancos.

CRUEL:
 s. El sexo violento o brutal.

CRUISE:
 s. Pasearse en carro o moto.

CUBE:
 s. Cubo de azúcar saturado con LSD.

CUNT:
 s. La vagina. Una prostituta.

CURSE:
s. La menstruación.

CUT:
v. Compartir. Un disco. La división de ganancias ilegales.

D

DAB:
v. Actuar sin ganas. Algo pequeño.

DEAD FOOT:
Automovilista que va caminando muy despacio (CB).

DEAD HEAD:
Viaje de regreso sin carga y sin hacer escalas (CB).

DEAD NECK:
s. Un tonto. Un flojo.

DECK:
s. Paquete pequeño de heroína.

DEMOGRAPHIC CONTROL:
s. El aborto. El uso de contraceptivos.

DIG:
¿Entiendes? o ¿Sabes? (de amplio uso entre la juventud).

DIG IT?
ex. ¿Lo entiendes? ¿Lo aceptas?

DIDDY:
s. Cosa de poco valor. Mediocre.

DIDDLE AROUND:
v. Perder el tiempo. Flojear.

DILDO:
s. Un pene artificial.

DIP:
s. Persona sucia, desaseada.

DISCIPLINE:
s. El maltrato que recibe la persona pasiva en sexo de esclavo y amo.

DIRT FLOOR:
Camino sin pavimento (CB).

DISAPPEAR:
v. Ser asesinado. Huir.

DISHWATER:
    s. Sopa o café malo.

D. M, T.:
    s. Dimetiltriptamina. Un alucinante.

DODGE:
    s. v. Manera ilegal de ganarse la vida. Sacarle la vuelta a la policía.

DOG COLLAR:
    s. El dominio de una mujer sobre su esposo. Cuello estilo de sacerdote.

DOGGIE BAG:
    s. Bolsa que usan los que comen en restaurante para llevar las sobras a casa para el perro.

DOLCE VITA:
    s. La vida fácil. La vida de un hippie.

DOMINATE:
    v. Dominar a la persona pasiva en el sexo de esclavo y amo.

DRIPPING FAUCET:
    s. Un pene con gonorrea.

DONKEY ROAST:
    s. Una fiesta animada.

DOUGHNUT:
    s. Un pesario. Diafragma.

DOWN:
    s. Persona sin inhibiciones ni ambiciones. Un hippie.

DOVE:
    s. Persona que apoya la paz.

D. P. T.
    s. Dipropilfiptamina. Un alucinante.

DRAFT BAIT:
    s. Jóvenes sujetos a ser llamados al servicio armado.

DRAG:
    s. Hombre que gusta vestir como mujer.

DROOL:
    v. Caerse la baba de ganas.

DROP IT:
    v. Abandonar algún asunto.

DUKES:
    s. Las manos o los golpes de un boxeador.

DYPSO:
   s. Un borracho habitual.

E

EAT OUT:
   v. Regañar.

EGGBEATER:
   s. Motor fuera de borda.

ENDS:
   s. Zapatos.

EVERYBODY MUST BE WALKING THE DOG:
   ex. Todo mundo parece estar ocupado.

EXHIBITION:
   s. Programa pornográfico de cine o de *floor show*.

EYEBALL:
   v. Mirar. Observar. El acto de un *voyeur*.

F

FAB:
   adj. Fabuloso. Excitante.

FACE:
   s. Persona famosa.

FACK:
   s. La verdad.

FALL OFF THE ROOF:
   v. Menstruar.

FANNY DIPPER:
   s. Un surfer que no sabe nadar.

FARMISHT:
   adj. Confuso.

FEEL A DRAFT:
   v. Estar consciente de discriminación racial.

FIRST SERGEANT:
   s. La esposa.

FISH SKIN:
   s. Condón.

FLASH:
 adj. Excelente. Magnífico.

FLEAS ON YA:
 Buena suerte. Que te vaya bien (CB).

FLIP-FLOP:
 Hacer una vuelta en U.

FLIGHT:
 s. Hacer un viaje con LSD (CB).

FLOWER OF VIETNAM:
 s. Enfermedad venérea.

FLOP:
 s. v. Fracasar. Acostarse. Lugar para dormir. Un acto de sexo.

FLUSH:
 v. Ignorar. Menospreciar. Reprobar.

FLY:
 v. Huir. Escaparse.

FLEW THE COOP:
 v. Escaparse de la cárcel.

FOOTIE:
 v. Acariciarse debajo de la mesa con el pie.

FORWARDS:
 s. Pastillas excitantes.

FOURSOME:
 s. Dos parejas de *swingers*.

FRENCH:
 s. Sexo oral.

FRINGES:
 s. Privilegios especiales.

FRILLY BLOUSE:
 s. Chica bonita.

FRONT DOOR:
 El camino adelante (CB).

FUBAR *(Fouled Up Beyond Recognition)*:
 adj. Estado de confusión.

FUNNY BOOK:
 s. Libro o revista pornográfica.

FUN AND GAMES:
 v. Divertirse incluyendo actos de sexo.

FUNK:
v. Fracasar. Reprobar.

FUNSIE:
s. Algo aburrido o cansado.

FUZZ:
s. La policía.

G

GAFF:
v. Estafar. Engañar.

GAY:
s. Persona homosexual.

G. B. *(Goof Balls):*
Bencedrina. Cualquier excitante.

GERONIMO:
ex. Expresión de triunfo. Grito de guerra de los marines.

GET A LOT:
v. Conseguir mucho sexo.

GET PICKED UP:
v. Conocerse con un(a) muchacho(a) en la calle.

GET YOUR KICKS:
v. Conseguir excitación o gratificación.

GIDGET:
s. Chica bonita.

GIG:
v. Castigar.

GINK:
s. Persona sin importancia.

GLICH:
s. Imperfección mecánica.

GO:
v. adj. Siga adelante. Todo favorable.

GOBBLE:
v. El acto sexual oral.

GOLD:
s. adj. Dinero. Excelente.

GOMA:
s. Opio.

GONIF:
   s. Homosexual.
GRAFT:
   s. v. Soborno. Mordida. Corrupción política.
GREEK:
   s. Sexo anal.
GREMLIN:
   s. Aprendiz. Chica compañera de *surfers.*
GRIPE:
   v. r. Quejarse. Queja.
GROOVE, IN THE:
   adj. En la onda.
GUILTY BIG:
   s. Persona que necesita atención siquiátrica.
GUN:
   s. Tabla grande para *surfers.*
GURU:
   s. Un siquiatra.
GUTTY:
   s. Emocionante. Potente.

H

HACK AROUND:
   v. Vagar. Vagabundear.
HAMMER:
   s. El acelerador (CB).
HANDLE:
   s. El nombre de una persona.
HANG-UP:
   s. Un defecto o un blok mental. Una obsesión.
HAULER:
   s. Un auto muy veloz.
HASH:
   s. Comida. Haxix o hashish.
HAVE A THING ABOUT:
   v. Ser obsesionado con alguna cosa.
HAWK:
   s. Persona que apoya la guerra.

HEAD:
> s. El excusado de un barco.

HEAVY:
> s. Ola grande para surfear.

HEAVY DATE:
> s. Cita muy importante con una chica.

HEEL:
> s. Un canalla. Un vividor.

HEMORROID WITH A POLAROID:
> s. Una patrulla con radar que viene siguiendo (CB).

HILL, THE:
> s. La Casa Blanca (Wáshington).

HILL, OVER THE:
> v. Huir. Desertar.

HIT:
> v. Golpear. Dar una baraja. Dar un trago. Matar. Pedir prestado.

HIT AND RUN ARTIST:
> s. Terrorista. Automovilista que atropella y huye.

HIT THE HAY:
> v. Dormir. Acostarse.

HO-DAD:
> s. Persona presumida pero inepta.

HOME ON ITS BACK:
> Un cámper. Un hippie con una mochila grande sobre su espalda.

HOG:
> s. Un Cádillac o una moto grande.

HOME PLATE:
> s. La meta. Pista de aterrizaje.

HONEY:
> s. Chica bonita. Dinero. Cerveza. Algo muy bueno.

HOOK:
> v. Estafar. Engañar. Agarrar.

HOOKER:
> s. Prostituta.

HORSE:
> s. Narcótico duro. Heroína.

HOT DOGGER:
s. Un *surfer* experto.

HOT SHOT:
s. Persona importante.

HOT ROD:
s. Carro viejo con motor muy potente.

HOUND:
s. Autobús Greyhound.

HOWZIT?:
ex. ¿Cómo te va?

HUBBA HUBBA:
ex. Apresúrate.

HUEY:
s. Tontería. Mentira. Helicóptero.

HUMP:
v. s. Hacer el acto sexual. Montaña.

HUNG UP:
v. Enojado. Disgustado.

HUNG, WELL:
s. Hombre bien dotado.

HURT:
adj. En dificultades. Averiado.

I

I. O. U. (*I owe you*):
Un pagaré.

I. D. CARD:
s. Tarjeta de identificación.

ICE:
s. Diamantes. Joyería.

ICE UP:
v. Quedarse callado.

IDIOT BOARD:
s. Rótulo que le ayuda a un actor a recordar sus líneas.

IDIOT BOX:
s. La televisión.

IF YOU GOT THE DESIRE SET YOUR WHEELS ON FIRE:
Camina tan velozmente como desees porque la carretera está segura (CB).

IN FRONT:
s. Pago adelantado.

IN THE HOLE:
Estoy parado. Estoy infraccionado (CB).

INVITATION:
Una infracción (CB).

J

JAB:
s. Inyección de narcóticos.

JACK AROUND:
v. Perder el tiempo. Vagar.

JAM:
s. Un heterosexual.

JAZZ:
v. s. Mejorar. Animar. El acto sexual.

JINX THE MINX:
v. Salirse sin pagarle a una prostituta.

JOCK:
s. Atleta. Soporte. El pene.

JOCKSTRAP:
v. Ganar la vida como un atleta mediocre.

JODIE:
s. Uno rechazado por el ejército.

JUICE:
v. Excitar. Inspirar.

JUICE:
s. Gasolina (CB).

JUMPING:
adj. Animado. Alegre.

K

KALE:
s. Dinero.

KARATE:
   s. Un oriental.
KEEP THE SHINY SIDE UP AND THE RUBBER SIDE DOWN:
   Maneje con cuidado (CB).
KICK DOWN:
   v. Bajar de velocidad.
KICK THE DOUGHNUTS:
   Revise sus llantas (CB).
KICKS:
   s. Emociones. Aventuras. Diversión.
KINKY:
   adj. Sexo anormal.
KNOCK:
   v. Criticar. Golpear.
KNOCKERS:
   s. Senos grandes.
KNOCKED UP:
   v. Preñada. Embarazada.

L

LOADED WITH VOLKS RADIATORS:
   Un camión que va vacío (CB).
LOID:
   v. Forzar una puerta con un artefacto.
LOST WAGES:
   s. Las Vegas, Nevada.
LSD:
   s. Ácido lisérgico dietilamídico. Un potente y peligroso alu-
   cinante.
LUNCHIE:
   adj. Estúpido.

M

M. O. (Modus operandi):
   El estilo de operación de cada persona, especialmente de
   criminales.

MACARONI:
 s. Tubo de metal o plsático. La antena. Los cables del motor.
MAGGOT:
 s. Colilla de cigarro.
MAIN LINER:
 s. Adicto que se inyecta la droga directamente en la vena gorda.
MAKE LIKE:
 v. Fingir. Imitar. Pretender.
MAKE OUT:
 v. Conseguir algo difícil, especialmente los favores de una chica.
MAN, THE:
 s. La autoridad. El jefe.
MANIAC:
 s. Un mecánico malo.
MANHOLE COVER:
 s. Algo redondo. Hot-cakes. Discos. Platos. Tortillas.
MARGE:
 s. Lesbiana pasiva. Véase *Butch.*
MARRIEDS:
 s. Una pareja de *swingers.*
MASK:
 s. Anteojos oscuros muy grandes.
MAU-MAU:
 s. Persona que apoya el terrorismo negro.
MERCY SAKES:
 ¡Caray! ¡Seguro que sí! (CB).
MEAT:
 s. Persona fuerte pero tonta.
MEGILLA:
 s. Discurso muy largo.
MENSCH:
 s. Hombre agradable, fuerte.
MILK RUN:
 Un viaje fácil o corto (CB).
MINCE:
 s. Persona mal vestida.

MIXING BOWL:
s. Entronque de caminos.
MOLLIES:
s. Pastillas excitantes.
MONSTER:
s. La televisión.
MOONLIGH:
s. Trabajo extra de noche. Actividad ilegal, nocturna.
MOON MAN:
s. Astronauta. También *mars man*.
MOTHER:
s. Una líder de la sociedad. Una lesbiana de edad madura.
MOTIVATE:
Moverse a lo largo del camino (CB).
MUFFIN:
s. Chica atractiva.
MUI:
s. Un talismán de buena suerte.
MURPHY:
s. Estafador.

N

NAZI GO-CART:
s. Un Volkswagen.
NEAT:
s. Aseado. Limpio. Ordenado. Una bebida derecha, sin agua.
NERD:
s. Persona odiosa.
NEGATORE:
No. De ninguna manera (CB).
NINE:
ex. Emergencia. Peligro. También *niner*.
NITTY GRITTY:
s. Los hechos principales. La base.
NOD OUT:
v. Dormirse.
NO SWEAT:
adv. No es problema mío. No me importa.

NOWHERE:
   s. Persona conformista, quieta.
NUMBER ONE:
   s. Uno mismo. Lo más importante. Lo mejor.
NUMBER TEN:
   adj. Muy malo. Pésimo.

O

O. D.:
   De color indeciso. Mulato.
O. M. (Old man):
   Esposo. Padre.
O. J. (Old Joe):
   Enfermedad venérea.
OASIS:
   Lugar buenos para parar y descansar (CB).
OCEAN MOUTH:
   s. Persona muy habladora.
ONE FOOT ON THE FLOOR, ONE HANGING OUT THE
DOOR, AND SHE JUST WON'T DO NO MORE:
   Caminando a la máxima velocidad (CB).
ON THE MAKE:
   v. Buscando sexo.
ON THE SIDE:
   adj. Actividades fuera de lo correcto o al margen de lo usual.
ORBIT, IN:
   adv. En órbita. En la onda.
ON THE RIMS:
   adv. Sin dinero.
OUT:
   adj. Algo pasado de moda.
OUR NICKEL IS UP:
   v. Se acabó la plática.
OUT OF SIGHT:
   adj. Demasiado caro.
OVERSIZED GRASSHOPPER:
   s. Máquina segadora de pasto.

OVERSEXED BUT UNDERPAID:
    adj. Muy deseoso del sexo pero sin dinero.

P

PEE:
    v. Orinar. Un peso.

PADDY:
    s. Persona inútil, tonta.

PAIR OF NICKELS:
    s. 55. Cincuenta y cinco millas por hora, la velocidad legal.

PANTY STRETCHER:
    s. Persona gorda.

PAPER BAG:
    s. Mujer gorda, fea.

PASS, MAKE A:
    v. Hacer proposiciones indecorosas a una chica.

PASTIE:
    s. Pequeños parches que usan las desnudistas sobre los senos.

PAUSE FOR A CAUSE:
    Parar al lado del camino para hacer las necesidades (CB).

PAY DUES:
    v. Subir desde abajo hasta arriba en un trabajo (CB).

PAYOLA:
    s. Mordida. Soborno.

PEANUT BUTTER IN THE EARS:
    s. Persona que no escucha lo que le dicen.

PEDAL TO THE METAL:
    adv. A toda velocidad.

PETRO:
    s. Gasolina.

PICK:
    s. Fonógrafo. Tocadiscos.

PIDDLE:
    v. Orinar. Flojear.

PIECE OF CAKE:
    s. Trabajo fácil.

PIGEON:
    Automovilista que se dejó pescar por la policía (CB).

PILL:
    s. Píldora contraceptiva.
PIN:
    v. Seguir a una chica.
PINK SLIP:
    s. Advertencia por la policía.
PIPE:
    s. Teléfono.
PIPE, LAY SOME:
    v. Hacer el acto sexual.
PISS:
    v. Orinar.
PLUG:
    v. s. Tapón. Tapar. Usar un diafragma.
POGEY:
    s. Comida gratis.
POKEY:
    s. La cárcel.
POLAROID ART:
    s. Fotografiar los actos sexuales de los *swingers.*
POOP:
    s. Información. Chisme.
POPCORN:
    s. Granizo.
POSTAGE STAMP:
    s. Una mujer.
POTTY MOUTH:
    s. Persona que habla groserías, obscenidades.
PROTECTION:
    s. Cuidado contra el embarazo.
PRICK:
    s. El pene.
PRICK TEASER:
    s. Muchacha que ofrece pero no cumple.
PRUNE:
    v. Pasar rozando a otro carro.
PSEUDO:
    adj. s. Falso. Hombre que se hace pasar por mujer y viceversa.

PSYCHO:
s. Persona que sufre males nerviosos o mentales.

PUD:
s. El órgano sexual.

PUD, PULL THE:
v. Masturbar.

PULL A TRAIN:
v. Tener relaciones con varios a la vez.

PULL THE REINS:
Poner los frenos. Bajar velocidad (CB).

PUSHY:
adj. Entremetido.

PUSSY:
s. La vagina.

PUSSYCAT:
s. Persona agradable.

PUSSYWHIPED:
s. Hombre que lo manda la mujer.

PUT ON:
adj. Fingido. Presumido.

PUT OUT, TO BE:
v. Enojarse. Molestarse.

P. X.:
s. La tienda del ejército, exclusivamente para militares.

Q

QUAIL:
s. Chica atractiva pero bajo la edad de consentimiento.

QUALM:
v. Molestar. Aburrir.

QUASAR:
s. Chica. Mujer.

QUEER:
s. Homosexual.

QUEER FOR:
v. Tener demasiados deseos.

QUICKIE:
>   *s.* Acto sexual muy breve. Conversación muy breve. Cualquier cosa que se tiene que hacer apresuradamente.

QUIT IT!:
>   *ex.* ¡Pare! ¡Déjeme en paz!

QUIZ:
>   *s.* La prueba del aliento para determinar si está uno borracho.

R

RACK:
>   *adj. s.* Seguro. Bajo control. Cama.

RACKET:
>   *s.* Una fiesta animada. Negocio fuera de la ley. Estafa.

RAG:
>   *s.* Kótex.

RAG TOP:
>   *s.* Auto convertible (CB).

RAGS:
>   *s.* Llantas en mala condición (CB).

RAIN:
>   *v.* Quejarse. Llorar.

RAMBLE:
>   *v.* Caminar lentamente.

R. AND R.:
>   *s.* Rock and Roll.

RAT:
>   *v.* Perder tiempo. Vagar. Violar un acuerdo.

REAM:
>   *v.* Regañar. Maltratar. Hacer el acto sexual.

REBEL DEVIL:
>   *s.* Terrorista.

RED EYE:
>   *s.* Licor. Whisky.

REEFER:
>   *s.* Cigarro de mariguana.

REWIND:
>   *s.* El viaje de regreso (CB).

RIDE:
: *s.* Carrera de caballos.

RIF:
: *v.* Bajar de categoría.

RIGOR:
: *adj.* Sin entusiasmo. Frío.

RIP STRIP:
: La pista o carril de alta velocidad (CB).

ROACH:
: *s.* Muchacha fea.

ROCK:
: *v.* Sorprender. Dejar atónito.

ROGER:
: Todo bien. Entendido (CB).

RODGER DODGER?:
: *ex.* ¿Me entiendes?

ROLLER SKATE:
: *s.* Cualquier minicarro.

ROLL IN THE HAY:
: *s.* El acto sexual.

ROMAN:
: *s.* Un tipo de acto sexual que practican los *swingers.*

ROMP:
: *s.* Pleito. Baile.

ROOTY:
: Sexualmente emocionado.

ROUGH TRADE:
: *s.* Depravado homosexual.

ROUND EYE:
: *s.* Mujer occidental.

SLIT EYE:
: Mujer oriental.

RUB THE NUB:
: *v.* Masturbar.

RUBBER LIPS:
: *s.* Persona muy habladora.

RUG MERCHANT:
: *s.* Espía.

S

S. O. S.:
Llamada pidiendo ayuda (CB).

S. A. *(sex appeal):*
s. Atracción sexual.

SAILBOAT FUEL:
s. El tanque de gasolina vacío.

SAND BAG:
v. Ganar una carrera.

S. AND M.:
s. Sadismo y masoquismo.

SARDINE CAN:
s. Un Gremlin.

SAY WHAT?:
¿Qué dices? (CB).

SCHLANG:
s. El pene. También *schmuck.*

SCREECH:
adj. Barato. Inferior.

SCRIPT:
s. Receta médica para conseguir narcóticos.

SCRUB:
v. Empatar. Cancelar el juego.

SEEING EYE DOG:
Artefacto para detectar las patrullas con radar (CB).

SET:
s. Pequeña junta social.

SHACK UP:
v. Vivir con persona del sexo opuesto sin matrimonio.

SHADES:
s. Anteojos oscuros.

SHAFT:
v. r. Aprovecharse. Hacer el acto sexual.

SHAVED:
s. Auto sin adornos.

SHEEP DIP:
adj. Inferior.

SHEEP HERDER:
  Automovilista inepto (CB).
SHOE:
  s. Policía patrullero. Pasaporte falso.
SHOOT DOWN:
  v. Desinflar a un presumido.
SHOT:
  s. Afición o vicio. Trago de licor.
SHOVEL COAL:
  Caminar rápidamente (CB).
SICK:
  v. Sufriendo por falta de narcótico.
SINGLES:
  s. Personas solas en fiestas de *swingers.*
SIT FAT:
  v. Estar en una posición de poder o de ventaja.
SKAG:
  s. Cosa tonta o repulsiva.
SKATING RINK:
  s. Pista de patinar. Camino resbaladizo.
SKI BUNNY:
  s. Chica que anda con los esquiadores.
SKIM BOARD:
  s. Tabla para surfear.
SKIN:
  s. Llanta. Información. Datos.
SKIN HEAD:
  s. Hombre con pelo muy corto.
SKIN DIP:
  s. v. Nadar al desnudo. Nadador desnudo.
SKUNK:
  s. Cosa desconocida que aparece en el radar.
SLAM:
  s. La cárcel.
SLAPPERS:
  s. Los senos.
SLICE:
  v. Defraudar. Cobrar demasiado.

SLOP:
    s. Lodo en el camino. Comida mala (CB).
SMOKE:
    s. Mentiras. Exageraciones.
SNAG:
    v. Alcanzar o agarrar algo que quiere escaparse, especialmente una chica.
SMOKEY:
    s. La policía. La patrulla.
SNAKE:
    Persona desagradable.
SNATCH:
    s. Secuestro.
SNATCHER:
    s. Ladrón. Secuestrador.
SNATCHER'S HEAVEN:
    s. Cuba.
SNUFF:
    v. Matar. Mandar matar.
SOCKED IN:
    a*dj.* Paralizado por mal tiempo.
SOUL:
    s. Emociones que sienten los negros y se supone que los blancos no conocen.
SOUL MUSIC:
    s. Jazz triste, tocada por los negros.
SPARKY:
    s. Un electricista (CB).
SPOOKED:
    adj. Aburrido. Molesto.
SOUPED UP:
    adj. Con mucha potencia.
SQUARE:
    s. Cigarro de mariguana. Persona que no usa drogas.
SQUAWK BOX:
    s. Un radio.
STACK:
    s. El escape de un auto.

STALL BALL:
Congestionamiento de tráfico (CB).

STICK:
s. Un ski. Tabla para surfear.

STINK WITH:
adj. Estar harto con.

STOPPER:
s. Diafragma. Pesario.

STONED:
adj. Petrificado con narcóticos o mariguana.

STRAIGHT:
s. La primera inyección de droga en la mañana.

STREET:
s. El mundo afuera de la prisión.

STRETCH OUT:
v. Tocar música enfurecida espontánea.

STUD:
s. Hombre anhelado por mujeres casadas o de edad mediana, para hacer el sexo.

STRUT:
Moverse a lo largo de la carretera (CB).

SUAVE:
s. Persona simpática. Un acto sin dificultad. Un acto sofisticado.

SUCK:
v. Lamiscar. Hacer la barba. Buscar favores. El acto del sexo oral.

SURF:
v. Surfear o jinetear las olas de la oleada sobre una tablita.

SURFER:
s. Surfeador o el que jinetea las olas sobre una tablita.

SWING:
v. Volar alto. Participar en las orgías de los *swingers*. Un viaje corto, apresurado.

SWINGER:
Persona que gusta hacer el sexo en grupos en los cuales participan matrimonios *(marrieds)*, parejas *(doubles)* u hombres y mujeres que van solos *(singles)*.

SWITCH ON:
v. Entrar a la vida moderna. Empezar a vivir. Entrar a la onda.

T

TAIL:
s. El órgano sexual.

TAIL, TO GET A PIECE OF:
v. Conseguir el sexo con una chica o viceversa.

TAILGATE:
v. Acercar un carro demasiado al que va enfrente.

TAKE A LEAK:
v. Orinar.

TAKE GAS:
v. Perder control (un surfer).

TAP:
v. s. Sacar dinero ilegalmente de un negocio. Cerveza de barril.

TAP THE LINE:
v. Intervenir una línea de teléfono.

TEENBOP:
s. Un quinceañero demasiado activo y molesto.

THIRD LEG:
s. El pene.

THRILL:
s. Una emoción.

THUD:
s. Una caída.

TICK OFF:
v. Molestar. Aburrir.

TIP:
s. Chica bonita. Serle infiel al esposo(a).

TISH:
v. Exagerar. Rellenar con basura.

TISH. IN A:
adj. Enfurecido.

TOOL:
s. Estudiante muy diligente. El pene.

TOUCHDOWN:
   s. Anotación de futbol americano. Aterrizaje de un avión.

TRICK:
   s. Un episodio de sexo.

TRIP:
   s. Un "viaje" con narcóticos, especialmente con LSD.

TRANX:
   s. Un tranquilizador.

TREF:
   s. Una junta secreta para tratar negocios ilegales.

TUBE:
   s. Televisor.

TULLIES:
   s. La provincia.

TUNED IN:
   s. Persona conocedora o que está en onda.

TURISTA:
   s. La diarrea que sufren a menudo los turistas.

TURN ON:
   v. Fumar mariguana. Introducir a alguien.

TWINDLE:
   s. Hombre afeminado. Tres personas de distintos sexos.

TWOSOME:
   s. Dos personas de distintos sexos. Una pareja.

U

UNFLAPPABLE:
   adj. Calmado. Competente. Estable.

UNGLUED:
   adj. Confuso. Fuera de control.

UNHOLY HOLE:
   s. Chica en su periodo.

UNHITCHED:
   adj. (Soltero(a).

UNREAL:
   adj. Excelente. Magnífico.

UNZIP:
   v. Resolver un problema.

UPTIGHT:
  adj. En la onda. Persona simpática. Tenso o nervioso.
URB:
  s. Ciudad grande.

V

V. C.:
  s. Viet Cong.
V. D. *(venereal disease):*
  Enfermedad venérea.
VETTE:
  s. Corvette.
VIETNICK:
  s. Persona opuesta a la guerra de Vietnam.
VOYEUR:
  s. Persona que recibe su satisfacción sexual viendo a otros hacer el acto.

W

WAG:
  v. El movimiento de las caderas de una chica.
WALK HEAVY:
  v. Ser importante. Mandar.
WALK HIGH:
  v. Presumir.
WALK WIDE:
  v. Andar con cuidado.
WAGES OF SIN:
  s. El castigo de Dios. Contraer una enfermedad venérea.
WASP:
  s. Protestante anglosajón. Persona que discrimina contra los negros o los latinos.
WAY OUT:
  adj. Ido. Persona que actúa fuera de los límites de la decencia. Persona que practica sexo anormal.

WEAR A HAT:
   v. Tener novio. Usar un condón.

WEED:
   s. Mariguana.

WEIGHT:
   s. Influencia.

WELL BUILT:
   adj. Chica bien bien formada.

WHEELS UP:
   adj. Listo para despegar (avión).

WIG:
   s. Una gran experiencia.

WIMP:
   s. Persona introvertida, que cansa a los otros.

WING IT:
   v. Partir. Huir. Salir.

WIPE:
   v. Triunfar en una lucha.

WIPE OUT:
   v. Exterminar. Limpiar. Perder control (surfer).

WOLF:
   s. Persona heterosexual.

WORK SHOE:
   s. Persona sólida, de confianza.

X

X.:
   La ex esposa o el ex esposo.

X. L.:
   s. Soltera. Chica joven.

X. Y.:
   s. Esposo.

X. Y. D.:
   Hija.

X. Y. L.:
   Esposa.

X. Y. M.:
   Esposo.

X. Y. N.:
    Masculino. Macho.
XEROX?:
    ex. ¿Me escuchas?

Y

YARD:
    v. Ser infiel. Cometer adulterio.
YENTA:
    s. Mujer habladora o chismosa.
YENTZ:
    v. Hacer el acto sexual.
YO YO:
    s. Persona tonta, torpe.

Z

ZAP:
    v. Matar. Derrotar. Golpear.
ZAPPED:
    adj. Muerto. Exhausto. Herido.
ZERO COOL:
    adj. Sumamente calmado.
ZILCH:
    s. Persona insignificante.
ZIP:
    s. Un marcador de "0".
ZIPPERLESS:
    s. Una *libber,* o sea mujer que lucha por la igualdad de
    las mujeres y actúa como hombre.
ZOFTIG:
    s. Mujer agradablemente gordita.
ZONKED:
    adj. Borracho. Bajo la influencia de drogas.
ZOO:
    s. La jungla.
ZOT:
    s. Zero. Calificación o marcador de "0".

ESTA EDICION DE 3 000 EJEMPLARES SE TERMINO
DE IMPRIMIR EL 25 DE MARZO DE 1986 EN LOS
TALLERES DE PIZANO VERA Y ASOCIADOS, S. A.
AV. 10 No. 130 COL. IGNACIO ZARAGOZA
15000 MEXICO, D. F.